# 여성 *50* 대를 위한
# 100세 시대 인간관계

# 여성 *50* 대를 위한
# 100세 시대 인간관계

오노데라 아쓰코 지음　　김진연 옮김

**문학사상**

• 일러두기

1. 한국어판 역주는 본문 안에 명조 서체의 작은 글자로 처리했고,
   별도의 표기는 생략했습니다.

2. 외래어 표기는 국립국어원 규정을 바탕으로 했고,
   규정에 없는 경우는 현지음에 가깝게 표기했습니다.

# 인생의 후반부를 더
# 행복하게 보내기 위해

요즘 '100세 시대'라는 말을 자주 듣는다.

그러나 100세까지 건강하게 살아가는 것은 여간 힘든 일이 아니다. 현재 오십 대인 여성은 100세 인생의 절반밖에 살지 않은 셈이니, 앞으로 남은 인생 후반부를 어떻게 살아가야 할지 제대로 고민해야 할 시기를 맞이했다고 할 수 있다.

일본 후생노동성厚生勞動省의 발표에 따르면 2018년 일본인의 평균 수명은 여성 87.32세, 남성 81.25세로, 남녀 모두 과거 대비 최고 기록을 경신했다. 국제 사회와 비교해 보면 일본인 여성의 평균 수명은 2위, 남성은 3위다. 1위는 남성, 여성 모두(남성 82.17세, 여성 87.56세) 홍콩이 차지했다.

내 주위만 둘러봐도 구십 대인 부모님을 모시고 있는 사람이 점점 늘고 있다. 그중에는 물론 요양 시설에서 거의 누워 지내는 부모님도 있지만, 다리와 허리가 약해졌다고는 해도 특별히 아픈 곳 없이 혼자서 장 보고 요리도 직접 해서 식사를 챙기는 부모님도 많다.

실제 올해 90세인 우리 시어머니는 혼자서 슈퍼마켓에서 장을 보고 삼시 세끼를 다 만들어 먹는다. 문화센터에 다니면서 취미 생활도 즐긴다. 또 82세인 우리 큰어머니의 어머니는 106세인데, 아직 귀도 어둡지 않고 가족과 함께 외식하러 나갈 정도로 기운이 넘친다.

현재 오십 대인 사람이 어렸을 때만 해도 일본인의 평균 수명은 76세였고, 80세만 넘어도 오래 살았다는 소리를 들었다. 하지만 지금은 그 기준이 100세로 늘어난 것이다.

미국의 심리학자인 레빈슨Levinson은 인생을 사계절로 비유했다. 그는 아동기 및 청년기를 봄, 장년기 전기를 여름, 장년기 후기를 가을, 그리고 노령기를 겨울이라 칭했다. 그의 말에 따르면 나는 지금 여름 더위가 누그러져 조금은 안심되는 계절, 온갖 나뭇잎들이 빨갛고 노랗게 물들어 단풍이 아름다운 계절, 햅쌀은 물론 포도나 감 같은 여러 농작물이 결실을 맺는 계절, 즉 가을을 맞이했다.

인생을 이 비유에 비추어 보면 이십 대는 자신이 뿌린 꽃씨에서 조금씩 싹이 돋아나는 시기다. 삼십 대는 열심히 물과 비료를 준 덕분에 싹이 계속 자라나는 시기, 사십 대는 꽃봉오리가 부풀어 올라 아름다운 꽃과 열매를 맺는 시기다.

레빈슨은 누구든 연령의 계단을 오를 때마다 생활 구조가 안정되는 시기와 변화를 겪는 시기가 번갈아 찾아온다고 말한 바 있다.

당신의 인생은 어떠한가. 분명 좋은 일만 계속되지는 않았을 것이다. 자기 자신 또는 가까운 이가 큰 병에 걸린 사람도 있을 것이고, 남편과의 관계가 악화되어 이혼을 한 사람도 있을 것이며 아이가 발달 면에서 문제를 보이거나 부모님이 돌아가신 사람도 있을 것이다. 그러나 우리는 모두 이런 온갖 괴로운 일을 겪으면서도 멈추지 않고 한 발씩 앞으로 나아가 현재에 이르렀다. 다시 말해 생활 속에서 일어나는 크나큰 변화를 받아들이고 이에 순응하며 생활을 재구축하는 과정을 거쳐 지금에 도달했다.

중년기에는 많은 시련과 변화가 찾아온다. 아이들이 성장하면서 가족의 형태가 바뀌고, 남편이 정년퇴직을 맞이하고, 부모님은 노쇠해진다. 뿐만 아니라 자기 몸도 약해지기 시작했다는 것을 느끼는 시기이기도 하다.

그런 중년기의 인간관계는 매우 다양한 방면에 걸쳐져 있다. 나고 자란 가족과의 관계가 있고, 만약 결혼을 했다면 남편이나 자식과의 관계가 있을 것이며, 일을 한다면 직장 내 인간관계도 있다. 그중에서도 가장 기본이 되는 관계는 바로 가족 관계일 것이다. 부모님과의 관계, 형제자매와의 관계 등 태어나 자라면서 지금까지 지속되어 온 가족 관계는 고정되는 법 없이 사십 년, 오십 년, 그리고 육십 년이라는 긴 세월 동안 쭉 변화해 왔다. 중년이 된 지금, 이런 관계성의 변화를 깨닫고 잠시 멈춰 서서 다시 한번 그 관계성을 되돌아봐야 하지 않을까?

좋은 관계를 유지하고 있다면 계속해서 그 관계성을 유지할 수 있도록 노력하고, 대립이나 갈등상황에 있다면 그대로 방치하지 말고 적극적으로 타협하고 개선해 나가도록 노력해야 한다.

이에 이 책에서는 오십 대를 중심으로, 중년이라 일컬어지는 그 전후의 사십 대, 육십 대 여성들에게 초점을 맞추어 그들의 인간관계와 앞으로의 삶의 방식을 심리학적인 관점에서 풀어 보고자 한다.

요즘의 중년 세대들은 부모 세대와 자녀 세대의 틈바구니에서 하루하루 다양한 문제를 떠안고 살고 있다. 부모와의 관계, 남편과의 관계, 자녀와의 관계, 형제자매와의 관계, 직장 내 인간관계, 친구 관계 등 다른 사람과의 관계에는 다양한 문제가 존재하기 때문이다.

이런 인간관계에서 발생하는 문제를 잘 해결하면서 인생 후반부를 좀 더 풍요롭고, 긍정적으로 살아가려면 어떻게 하면 좋을까? 이 책을 통해 조금이나마 그 실마리를 발견할 수 있기를 바란다.

오노데라 아쓰코

차례

제1장

# 어머니와의 관계

- 대립이나 갈등은 친밀할수록 생겨나기 쉽다 -

# 고령화가 진행되면서
# 모녀간의 문제는 더욱 심화되고 있다

일본은 전 세계적으로 손꼽히는 장수 국가다. 이것은 필연적으로 부모와 자식이라는 관계가 오래도록 이어진다는 것을 의미하기도 한다.

예전에는 부모를 요양 시설에 보내는 자식들은 불효막심하다며 욕을 먹기도 했다. 제대로 된 요양 시설도 충분하지 않다 보니 가족, 특히 며느리가 시부모를 보살피는 것을 당연하게 여기던 시절이 오래 지속됐다.

어머니는 나의 할머니, 즉 자신의 시어머니를 집에서 24시간 내내 딱 붙어 보살폈다. 치매 증상을 보이던 할머니가 매일 한밤중에 화장실에 가고 싶다며 깨우는 와중에도 자식들을 뒷바라지하고, 집안일을 하고, 가부장적인 남편에게 헌신하며 살아왔다.

당시 중학생이었던 나는 그런 어머니가 안쓰럽게 느껴

졌다. 하지만 한편으로는 '며느리라는 건 참 힘든 일이구나. 난 절대 엄마처럼 살지 않을 거야'라며 다짐하기도 했다.

## 중년의 딸과 고령의 어머니의 관계성을 다룬 연구가 별로 없다

———

어머니와 자식과의 관계성은 심리학이라는 분야가 가장 오랫동안 관심을 가지고 연구해 온 분야다. 주로 아기 때부터 스무 살 정도까지의 청년과 그 어머니를 대상으로 한 연구가 많았다. '왜 어린아이들은 엄마가 보이지 않으면 울면서 찾는 걸까?', '왜 중학생쯤 되면 엄마에게 반항적인 태도를 보이는 걸까?' 예를 들자면 이런 주제들이다.

하지만 고령화가 진행되는 요즘은 성인기부터 중년기까지의 딸과 그 고령의 부모, 특히 어머니를 대상으로 한 심리학 연구도 필요하다는 목소리가 높아지고 있다. 하지만 여전히 이에 대한 연구는 많이 진행되지 않고 있다. 어머니는 어른으로 성장한 딸에게 더는 큰 영향을 미치지 못한다고 여겨지기 때문이다. 하지만 수명이 이렇게 길어지다 보니 딸이 오십 대, 육십 대가 돼도 여전히 어머니가 정정한 경우가 많다. 이와 더불어 예전에는 없었던 다양한 문제들이 이들 사이에서 발생하기 시작했다.

**병원에 가야 할 때는 당연하다는 듯이 딸에게 연락한다**

마흔여덟 살인 A 씨의 이야기다.

"미안한데 허리가 아파서 이러지도 저러지도 못 하겠구나. 내일 정형외과 좀 데려다줄래?"

밤늦은 시간 갑자기 딸 A 씨에게 걸려 온 전화.

"어? 내일은 일도 있고 안 되는데?"라며 거절하는 A 씨에게 어머니는 "너도 참, 지금까지 고생고생해서 키워 놨더니 매정하기도 하다!"며 싫은 소리를 한다.

A 씨는 말한다. "아들도 있고 전업주부인 며느리도 있다고요. 원래라면 장남인 오빠랑 새언니가 엄마를 보살펴야 하는 거 아닌가요? 그런데 엄마는 항상 저한테만 병원에 데려다 달라, 뭐가 먹고 싶으니 사다 달라고 하세요. 그뿐만이 아니에요. 나중에 늙으면 잘 부탁한다는 말씀도 하세요. 물론 저도 엄마를 보살펴 드리고 싶죠. 하지만 지금도 이렇게 힘든데 앞으로 부담이 더 커질 것만 같아 불안해요."

## 왜 이런 일이 생겼을까?

아들이나 며느리가 아닌 딸이 병원에 데려다주기를 바라는 이유는 무엇일까? 또 자신의 노후를 남편이나 아들이 아닌 딸에게 맡기고 싶어 하는 이유는 무엇일까?

대답은 간단하다. '**남편도, 아들도 아닌 딸이 자기 기분을 제일 잘 이해해 줬으면 하기 때문**'이다.

A 씨 어머니의 경우, 한창 일할 나이인 아들에게는 일도, 가정도 있으니 회사를 쉬게 하면서까지 병원에 데려다 달라고 부탁하기 힘들다. 하물며 며느리에게는 말할 것도 없다. 그렇기에 일단은 딸에게 부탁하고 본다. 그렇다. **어머니들은 딸을 자신의 분신이라고 믿어 의심치 않는다.**

중년 여성에 대해 많은 연구를 시행한 핑거맨Fingerman은 자녀가 결혼하면 어머니와 아들, 아버지와 딸, 아버지와 아들의 관계는 소원해지는 경우가 많지만, **어머니와 딸의 관계는 유소년기부터 형성된 정서적 관계가 쭉 이어지고, 오히려 결혼 후 더 강해진다고** 지적했다.

다시 말해 어머니에게 딸은 응석 부리기 쉽고 무언가 부탁하기 쉬운 존재인 셈이다. 딸 또한 속으로는 어머니가 이런저런 부탁을 하는 게 마냥 싫지만은 않다. 딸에게 어머니는 함께 있으면 마음 든든한 존재다.

그렇기에 A 씨의 어머니는 딸에게 선뜻 '병원에 데려다 달라', '나이 들면 보살펴 달라'라고 부탁할 수 있는 것이다. 나이 든 어머니들은 노후에 자신이 의지할 곳은 딸밖에 없다고 확신하는 듯하다.

'엄마는 소중하다. 하지만 엄마의 부탁을 들어주기는 힘들다.' A 씨에게는 이렇듯 상반된ambivalent 감정이 존재한다.

　　이런 경우 일단은 '자신이 어머니를 얼마나 소중히 여기는지' 그 마음을 전달하고, '지금 일이 이러저러해서 병원에 같이 가줄 수는 없다. 어머니의 노후를 책임질 수 있을 정도로 모아 둔 돈도 없고 경제적으로 여유롭지도 않다'는 사실을 이야기하도록 하자.

　　이때 '귀찮아서 하기 싫다' 같은 부정적인 느낌이 전달되지 않도록 주의해야 한다. 어디까지나 냉정하게, 마치 제삼자에게 설명하듯 이야기하고 '병원에 같이 못 가주는 대신 택시비는 내가 내줄게', '엄마 노후에 관한 일은 오빠랑 잘 이야기해 볼게'와 같이 구체적으로 이야기하는 것이 중요하다.

# 어머니와 딸 사이에 뿌리박힌
# 심리적 갈등이란?

또 핑거맨은 어머니와 딸의 관계가 강하고 친밀할수록 둘 사이에 심리적 갈등이나 대립관계가 두드러지게 나타난다고 지적했다.

심리적 갈등이란 '나이 드신, 사랑하는 어머니를 보살펴 드리고 싶다. 하지만 그러려면 하고 싶은 일을 희생해야 하는 데다, 나에게 딸린 가족도 있다……. 솔직히 어머니를 혼자 돌보기는 힘들다'와 같은 마음속 모순이다.

A 씨처럼 어머니를 지극히 사랑하는 마음에 자신을 희생해서라도 무엇이든 해드리고 싶어하는 사람도 있다. 하지만 이런 사람조차 언젠가는 심리적 갈등에 직면할 수 있다.

이런 두 사람 간의 갈등과 대립은 최근 서로의 관계 때문에 발생할 수도 있고, 과거에 두 사람 사이에 해결되지 않았던 문제 때문에 발생할 수도 있다.

## 어떤 문제로 어머니와 다투는가?

———

그렇다면 어머니와 딸은 어떤 문제로 서로 심리적 갈등에 휩싸이게 되는 것일까?

핑거맨은 마흔여덟 팀의 모녀(어머니 평균 연령 76세, 딸 평균 연령 44세)를 대상으로 '최근 어머니/딸 때문에 화났던 일'에 대해 인터뷰를 실시했다.

그 결과 딸의 입장에서는 '육아에 간섭하는 어머니 때문에 화가 난다', '나이 든 어머니를 생각해서 보살펴 드리고 있는데 마치 당연하다는 듯 고맙다는 말 한마디 건네지 않는 모습에 화가 난다' 같은 답변이 돌아왔다. 반면 어머니의 입장에서는 '딸이 나를 노인네 취급한다', '나를 무시하고 소중하게 대해 주지 않는다' 같은 불만이 터져 나왔다.

🚨 인간관계에 빨간 신호등이 켜질 때

**"어렸을 때부터 넌 귀여운 구석이라곤 없는 아이였어"라는 말에 받은 상처**

"어렸을 때부터 넌 귀여운 구석이라곤 없는 아이였어. 나한테 어리광 한번 안 부리고 말이야……."

오십 대인 B 씨는 어떤 문제로 의견이 부딪혔을 때 어머

니 입에서 튀어나온 이 말이 너무 슬퍼서 눈물이 왈칵 쏟아
졌다고 한다.

'이제껏 나를 그렇게 생각했던 거야? 엄마한테 어리광
부리고 싶은 마음을 얼마나 꾹꾹 참아 왔는데…….어리광도
못 부리게 한 건 다름 아닌 엄마잖아?'

B 씨는 이렇게 되받아치고 싶었다고 한다.

"내가 제일 큰언니니까 동생들도 잘 돌봐 줘야 하고, 학
교 공부도 더 열심히 해야 한다고 생각했어요. 그래서 어리
광 부리고 싶은 마음도 꾹 참아 가며 엄마를 도와드리고 싶
은 마음에 '착한 아이'로 살아왔던 건데…….엄마는 그런 제
마음 따위 전혀 이해해 주지 않았어요."

결국 마음에 상처를 입은 B 씨는 어머니와 사이가 안 좋
아져 관계가 소원해지고 말았다고 한다.

### 왜 이런 일이 생겼을까?

펭거맨은 B 씨처럼 딸이 어머니와 심리적 갈등을 빚고 대립
하는 이유를 다음과 같이 정리했다.

① 어머니와 딸 사이에 인식의 차이가 있다
어머니는 딸이 어른이 된 후에도 지금까지 그래 왔듯 앞으

로도 쭉 돌봐 줘야 한다는 마음이 강하다. 그리고 그것이야 말로 어머니의 책임이자 역할이라고 인식하는 경향이 있다. 어엿한 성인이 돼버린 딸을 직접 챙겨 줄 수는 없기에 대신 손주를 돌봐 주고, 이를 통해 딸에게 간접적으로나마 도움을 주고 있다고 굳게 믿는다. 그리고 그 결과 손주들 공부나 가정교육에 간섭하고 만다. 하지만 딸은 자기 아이는 남편과 자신이 키울 테니 간섭하지 말아 주기를 바란다.

다시 말해 어머니는 딸과의 관계가 예전과는 많이 달라졌다는 사실을 자각하지 못한다. 바로 여기서 두 사람 사이에 인식 차이가 생겨나고 갈등이 발생한다.

② 사실 어머니가 딸을 더 의지한다

어머니는 딸이 자신을 의지하는 것보다 더 강하게, 자신이 딸을 '마음 기댈 곳'으로 여기고 있다는 사실을 깨닫지 못한다. 반면 딸의 '마음 기댈 곳'은 이미 남편이나 자식에게로 옮겨 간 상태다. 또 어머니는 딸이나 그 배우자, 손주들을 자신의 확대가족으로 여긴다. 그렇기 때문에 어머니는 딸의 생활에 자기도 모르게 간섭하고, 딸은 이런 어머니를 '참견쟁이'라고 생각한다. 결국 둘 사이에는 갈등이 생겨난다.

③ 역할이 바뀐다

어렸을 때는 어머니가 딸의 건강을 관리했다. 하지만 어머니가 나이가 들면 이제는 딸이 어머니의 건강을 보살펴야 하는 정반대의 상황이 펼쳐진다. 병원에 데려가고 집안일을 돕는 등 예전과는 역할이 완전히 뒤바뀌고 만다.

어머니는 딸이 자기 건강을 챙겨 주는 모습이 기쁘기도 하지만, 자신을 대하는 태도에 불만을 느끼기도 한다. 한편 중년기의 딸은 자기 가족을 보살피고 일하느라 바빠 어머니를 보살피는 일이 부담으로 다가온다. 그리고 이런 점이 두 사람 사이에 긴장을 불러온다.

④ 어머니의 인간관계가 줄어든다

나이가 들면 친하게 지내던 친구가 먼저 세상을 떠나기도 하고 노후 생활비를 아껴야 한다는 마음에 친구와의 여행이나 외출을 삼가게 된다. 거북했던 사람과의 관계는 정리하고 마음 맞는 사람과만 교류하며 지낸다. 그렇게 해서 마지막으로 남는 관계가 바로 자식, 그중에서도 **딸과의 관계다.** 이런 어머니가 딸을 생각하는 마음은 딸이 어머니를 생각하는 마음보다 훨씬 강하다.

B 씨는 "너는 귀여운 구석이라곤 없는 아이였어"라는 어머니의 말에 아연실색해서 왜 아무 말도 대꾸하지 않았을까? 이 세상 어머니들에게는 자식들이 자신을 어떤 마음으로 바라보는지 생각조차 하지 않는 경향이 있다. **항상 자신이 옳다고 생각하기 때문**이다.

B 씨 어머니 입장에서 보면 현재 딸이 자신을 대하는 태도가 마음에 들지 않아 자기도 모르게 튀어나온 말이었을지도 모른다. 만약 그 말이 진심이었다면 슬픈 일이다. 어머니의 속내를 알게 된 딸이 상처 받는 것은 당연하다. 그 딸이 가여울 따름이다.

그렇다면 B 씨의 마음은 어떻게 하면 치유될 수 있을까? 나이 든 어머니에게 '내가 엄마를 얼마나 사랑하는데……. 너무 슬퍼'라고 자신의 마음을 전하는 일이 중요할지도 모른다. 하지만 서로 얼굴을 마주보고 이야기하다 보면 또 감정적인 말싸움으로 번질 수도 있다.

이럴 때는 '편지'를 쓰는 것도 좋은 방법이다. 지금까지 오십 년 동안 품어 온 어머니를 향한 마음을 진심으로 전해 보길 권한다.

# 어머니에게 부정적인 감정을 품는
# 딸의 행복도는 낮다

2019년, 중년 여성과 어머니와의 인간관계를 알아보기 위해 인터넷으로 앙케트 조사를 실시한 적이 있다. 분석의 대상은 자녀를 둔 207명의 기혼여성(평균 연령 51.3세)이었다.

　우선 '스무 살 때와 비교하여 어머니와의 관계가 변했습니까?'라는 질문에 13명(7.6%)이 '전혀 변하지 않았다', 45명(26.2%)이 '별로 변하지 않았다', 62명(36.0%)이 '조금 변했다', 52명(30.2%)이 '많이 변했다'고 응답했다(35명은 응답 없음). 다시 말해 60% 이상의 중년 여성이 예전과 지금을 비교해 어머니와의 관계가 변했다고 응답한 셈이다.

　앙케트 조사에서는 나이 든 어머니를 향한 긍정적인 감정과 부정적인 감정이 현재 딸의 행복도에 어떠한 영향을 미치는지도 검토해 봤다.

　그 결과 '어머니와 가치관이 다르고', '남편과 친정어머니 사이가 좋지 않은' 상황에 처한 딸은 나이 든 어머니에게 부정적인 감정을 품는 경향이 있다는 사실을 알 수 있었다.

그리고 이런 상태는 과거와도 연관이 있고 현재 딸의 행복도를 낮춘다는 사실도 밝혀졌다.

한편 딸이 어머니의 사고방식에 찬성하는 경우 어머니에게 긍정적인 감정을 품고 현재의 행복도 또한 높아진다는 사실도 밝혀졌다.

## 남편과 친정어머니 사이가 좋지 않은 경우
──

어머니와 딸의 가치관의 차이는 결혼 당시 어머니가 결혼에 반대했거나 사위가 될 남성을 비판했던 경우에 많이 드러난다. 이때 서로의 의견이 맞지 않아 옥신각신했던 과거는 그후의 모녀관계에 악영향을 미친다는 사실 또한 연구 결과 밝혀졌다.

딸은 인생의 중대한 결정을 내릴 때 어머니가 이해해주지 않았다고 생각하고, 어머니는 자신이 반대한 남성과 결혼한 딸은 절대 행복해질 수 없다고 생각하기 때문이다. 최악의 케이스는 이 일 때문에 관계가 소원해지는 경우다.

어머니는 아무리 자기가 반대했더라도 딸이 선택한 결

혼 상대라는 것을 받아들여야 한다. 하지만 말처럼 쉽게 해결되지 않는 것이 모녀관계다.

- 중년 여성과 어머니의 관계가 전반적 행복감으로 이어지는 경로(오노데라, 2014)

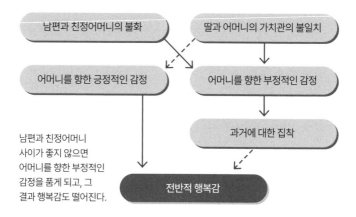

남편과 친정어머니의 불화

딸과 어머니의 가치관의 불일치

어머니를 향한 긍정적인 감정

어머니를 향한 부정적인 감정

과거에 대한 집착

남편과 친정어머니 사이가 좋지 않으면 어머니를 향한 부정적인 감정을 품게 되고, 그 결과 행복감도 떨어진다.

전반적 행복감

☀ 인간관계에 빨간 신호등이 켜질 때

**반대를 무릅쓰고 결혼한 이후 어머니와의 사이가 나빠졌다**

오십 대인 C 씨에게는 두 살 어린 남동생이 한 명 있다. C 씨는 어렸을 때부터 어머니의 기대에 부응하며 살아왔다. 피아노를 배우고, 칭찬 받기 위해 공부하고, 어머니의 추천으로 중학교부터 대학교까지 같은 재단인 명문교에 진학했다.

하지만 C 씨가 선택한 결혼 상대는 홀어머니 밑에서 자란 외아들로, 고등학교를 졸업한 후 건축 현장에서 일하는 남성이었다. C 씨의 가족들은 결혼에 결사반대했다. 하지만 이미 임신 상태였던 C 씨는 사랑의 도피를 하듯 그 남성과 결혼했다. 지금은 세 딸을 낳고 결코 여유롭다고는 할 수 없지만 나름 행복한 가정을 꾸리고 있다.

"남동생이 중간에서 힘써 준 덕분에 친정과 겨우 화해는 했어요. 하지만 엄마는 손녀들은 그럭저럭 예뻐하시지만 저희 남편과는 눈도 안 마주치시려고 해요. 저랑도 별로 말을 섞지 않으려고 하시고요."

C 씨는 오십 대에 들어선 지금까지 여전히 지속되고 있는 어머니와의 불화가 마음에 걸린다고 한다.

### 🔍 왜 이런 일이 생겼을까?

C 씨는 어렸을 때부터 어머니의 기대에 부응하기 위해 피아노를 배우고 공부도 열심히 했다. 하지만 결혼 상대만큼은 어머니의 기대에 부응할 수 없었다.

어머니 입장에서는 대학까지 졸업시킨 딸이 고졸에 집안 사정도 복잡해 보이는 남성과 결혼하겠다고 하니 걱정되는 것이 당연하다. 가능하다면 엘리트에 경제적으로도 안정된, 당신 눈에 차는 남성과 C 씨를 결혼시키고 싶었을 테니 결사반대했을 것이다. 그렇기 때문에 딸이 낳은 자식은 예쁘지만, 사위는 여전히 받아들일 수 없고 당신의 기대를 저버리고 결혼한 딸에게도 계속 불만을 품고 있었다.

내 연구에서도 '어머니와 가치관이 다르고', '남편과 친정어머니 사이가 좋지 않은' 상황에 빠져 있는 딸은 나이 든 어머니에게 부정적인 감정을 품는 경향이 있다는 사실이 밝혀졌다.

이 연구 결과에서도 알 수 있듯 C 씨도 자신을 받아들여 주지 않은 어머니에게 부정적인 감정을 품고 있다.

### 💬 이렇게 해보자

여전히 과거에 매여 사는 어머니 때문에 C 씨의 마음은 분명 고통스러울 것이다. 하지만 세 딸을 낳고 남편과의 관계도 양호하다면 '지금 나는 매우 행복하다'는 마음가짐이 중요하다. '엄마가 반대했어도 이 사람과 결혼하길 잘했어!'라고 자신의 선택을 후회하지 않기를 바란다.

사실 C 씨의 어머니도 내심 알고 있지 않을까? 애정을 쏟아 가며 소중하게 키운 딸이다. 어머니와 딸의 마음속 유대감은 생각보다 훨씬 강하다.

C 씨가 현재 상황을 타개할 수 있는 포인트는 자녀들이다. 어머니도 손녀들은 예뻐하신다. 조금 더 기회를 만들어 자주 아이들을 데리고 친정을 방문하도록 하자. 만날 기회가 많아질수록 어머니의 마음도 조금씩 누그러질 것이다.

## 인간관계에 빨간 신호등이 켜질 때

### 어머니와 함께 2세대 주택에 살면서 이혼 위기에 빠졌다

고급 주택가에 위치한 2세대 단독주택에 어머니와 함께 살고 있는 쉰두 살의 D 씨는 두 아이를 둔 워킹 맘이다. 어머니가 거의 매일 삼시 세끼 밥을 차려 주신다. D 씨가 퇴근하고 집에 돌아가면 바로 저녁을 먹을 수 있는 편한 생활이 십 년이상 지속되고 있다. 어머니가 집안일이나 아이 돌보는 일을 도와주셔서 경제적인 면에서나 노동적인 면에서 큰 도움이 된다.

남편은 데릴사위 같은 상태인데, 야근이나 술자리가 많아 집에 빨리 들어오는 날이 거의 없다.

이런 생활이 오래 지속되는 사이 남편이 집에 아예 들어오지 않는 날이 종종 생기기 시작하더니 지금 D 씨 부부는 이혼 위기를 겪고 있다고 한다.

요즘은 결혼한 딸 가족과 친정 부모가 2세대 주택을 지어 현관에 두 개의 문패를 걸고 생활하는 가족도 많다. 저출산 사회인데다 아이를 키우는 데 친정어머니의 도움을 받을 수 있다는 장점이 있다. 하지만 D 씨 사례와 같이 **2세대 주택이 문제가 되어 이혼 위기를 겪는 부부**도 있는 듯하다.

2세대 주택 생활이 오래 지속되다 보면 친정어머니와 시집 간 딸의 관계가 결혼 전 모녀 관계로 돌아가 남편이 설 자리가 점점 사라지고 만다. 같은 집에 살지만 남편과의 대화는 점점 줄어들고 친정어머니와의 관계만 점점 더 밀착되어 간다. 이런 상태를 아내가 깨닫지 못하면 남편은 점점 더 가정 내에서 고립되고, 그 결과 부부 관계에 균열이 생기기도 한다.

💬 이렇게 해보자

D 씨는 결혼은 했지만 친정어머니로부터 심리적으로 자립하지 못한 상태인지도 모른다.

딸에게는 친정어머니를 소중히 여기는 마음이 있어야 하고, 이는 결코 나쁜 일이 아니다. 하지만 독립된 가정을 꾸렸다면 우선은 남편과의 관계를 최우선으로 생각해야 한다.

따라서 지금 다시 한번, 자신이 결혼해서 새로운 가족을 꾸렸다는 사실을 인식하고 남편과의 관계성을 돌아보는 일이 중요하다.

아마 자녀들에게도 심리적으로 아버지는 부재인 상태일 것이다. 어머니가 항상 외할머니하고만 움직이니 이 집에는 아버지의 존재감이 없다. 이런 상태가 길어지면 길어질수록 앞으로 아버지와 자녀들의 관계 또한 악화될 수 있다.

## 의존과 자립의 균형이 무너지면
## 상반된 관계가 형성된다

지금까지 살펴봤듯 중년이 된 딸과 그 어머니 사이에는 갈등과 대립이 항상 따라다닌다. 그럼에도 두 사람이 친밀한 관계를 유지하고 있는 경우도 많다.

가령 '일 때문에 엄마를 병원에 모시고 가기 어렵다', '노후에 엄마를 돌봐드릴 수 없다'고 하는 딸들조차 힘든 일이 생기면 어머니에게 의지하곤 한다.

"엄마, 이번 주 일요일에 ○○ 좀 봐주지 않을래? 고등학교 동창들이랑 점심 먹기로 했거든."

"어린이집에 가져가는 손가방은 직접 만든 게 아니면 안 된다네. 어떡하지? 엄마가 좀 만들어 줄 수 있어?"

이처럼 어머니에 기대어 아이를 키우고 있을 가능성이 있다.

부탁을 받은 어머니 또한 귀여운 손주를 키우는 데 도

움이 되고, 내심 '딸이 의지하는 것 같아 좋다!'라고 생각할지 모른다.

## '상반된 관계'란?

———

'대립하고 때로는 화도 나지만 친밀하기도 하다.' 심리학에서는 이런 상반되는 감정이나 관계성을 '상반된 관계'라고 부른다.

예를 들어 다음과 같은 감정이다.

- 때로는 엄마 때문에 화가 나기도 하지만 매우 친하게 느껴질 때도 있다.
- 엄마와의 관계는 아주 친밀하다. 하지만 가끔은 그 관계가 너무 힘들 때가 있다.
- 엄마를 너무나도 사랑한다. 하지만 때때로 이유 없이 차갑게 굴곤 한다.

필레머Pillemer와 수터Suitor는 성인기의 부모 자식 사이에서 보이는 상반된 관계는 두 사람 간의 '의존과 자립'의 균형이 무너졌을 때 발생한다고 설명했다.

딸에게는 계속 어머니의 딸로 살고 싶다는 마음과 독립

된 한 여성, 즉 아내이자 아이들의 엄마로 살고 싶다는 마음이 공존한다. 그렇기에 어머니에 대한 의존과 자기 자신의 자립 사이에서 마음이 흔들린다.

하지만 정작 딸은 이 사실을 깨닫지 못한다. 또 친정어머니에게도 딸의 자립을 환영해 주고 싶은 마음이 없다. 언제까지고 예전처럼 '귀여운 딸'로 있어 주기를 바라기 때문이다.

다시 말해 두 사람이 제대로 자립하지 못하고 의존 상태에 빠져 의존과 자립 사이를 왔다 갔다 하는 상태가 바로 상반된 관계다.

### ☀ 인간관계에 빨간 신호등이 켜질 때

**어머니를 요양 보호 시설에 보내기로 결심하다**

육십 대인 E 씨는 전업주부다. 유일한 형제인 언니는 남편의 일 때문에 해외에 거주 중이다. E 씨의 남편은 정년퇴직 후에도 촉탁 사원囑託 社員으로 일하고 있고, 아이들 또한 독립해서 각자 가정을 꾸려 나가고 있다.

그러던 중 아버지가 돌아가시고 지방에서 혼자 지내던 어머니에게 치매 증상이 나타나기 시작했다. 달리 의지할 곳도 없어 어머니 집을 처분하고 도쿄에서 함께 살기 시작했다.

치매의 진행을 늦춰 주는 약이 효과가 있어서 처음 이삼 년은 순조로웠다. 하지만 넘어져서 골절상을 입은 이후 어머니의 증상은 순식간에 악화되고 말았다.

"한시도 가만히 계시지 못하면서, 혼자서는 화장실도 못 가셨어요. 매일 도우미 분이 오시긴 했지만, 밤에는 저 혼자 엄마를 돌봐야 했어요."

그러는 사이 E 씨의 몸과 마음은 점점 지쳐 갔다. 아무리 치매라고는 하지만 딸의 얼굴조차 잊어버린 엄마를 애정으로 대하는 데도 한계가 왔고, 결국 요양 보호 시설에 보내기로 결심했다고 한다.

"예전에 계속 누워 계시던 할머니에게 밥을 먹여 드리고, 기저귀를 갈아 드리던 엄마 모습을 보며 자란 만큼 떳떳하지 못한 마음이 좀처럼 사라지질 않아요."

### 🔍 왜 이런 일이 생겼을까?

어머니에게 치매 증상이 나타나기 시작하면 누가 그 병간호를 할 것인가를 두고 종종 문제가 발생하곤 한다.

예전에는 나이 든 치매 환자는 당연히 가족이 돌봐야 한다는 사회적인 풍조가 만연했다. 하지만 요즘에는 중년인 딸들도 일을 하거나 자기 미래를 위해 자격증을 따는 등 바쁜 나날을 보낸다.

부모님을 돌보는 방법도 예전과는 많이 달라졌다. 마음씨 착하고 배려심 넘치는 E 씨는 어머니를 요양 보호 시설에 맡기는 일이 마음 아플지도 모른다. 또 세상 사람들이 자신을 어떻게 생각할지 주위 시선이 신경 쓰일지도 모른다.

 **이렇게 해보자**

최근 요양 체제는 크게 바뀌었다. 집에서 부모님을 보살펴 드리던 시대에서 시설형 요양을 선택하는 시대로 바뀌었다.

따라서 E 씨도 떳떳하지 못하다는 마음을 가지지 않아도 된다. 쉬는 날이나 생일 같은 기념일에는 되도록 어머니가 계시는 시설을 방문하도록 하자. 다른 사람 손을 빌림으로써 어머니에게 조금 더 상냥하게 대할 수 있는 방법이라고 생각하길 바란다.

**인간관계에 빨간 신호등이 켜질 때**

**'어머니를 잃은 상실감'에서 여전히 빠져 나올 수가 없다**

사십 대인 F 씨는 반년 전에 간암으로 어머니를 잃었다. 증상이 나타난 이후 수술, 입원, 항암 치료, 그리고 재발……. 투병 생활은 십 년 이상 이어졌다. 그 사이 외동딸이었던 F 씨는 두 아이를 키우면서도 최대한 시간을 내서 병원을 찾아가 어머니를 보살펴 드렸다고 한다.

"첫째가 태어났을 때는 엄마도 건강하셔서 육아에 도움을 많이 받았어요. 집도 가까워서 볼일이 있을 때면 자주 아이를 맡기기도 하고 식사를 같이 하기도 했죠."

어머니가 자주 만드시던 요리를 할 때, '너무 맛있다'며 어머니와 함께 먹던 딸기를 가게에서 발견했을 때……. 지금도 F 씨는 툭하면 어머니가 떠오르고, 그럴 때마다 상실감에 휩싸여 눈물을 멈출 수가 없다고 한다.

"돌아가신 지 반년이나 됐는데 여전히 엄마가 살아 계시다는 느낌을 지울 수가 없어요. 언제까지 이 상실감이 계속될까요?"

## 🔍 왜 이런 일이 생겼을까?

F 씨는 오랫동안 병에 걸린 어머니를 헌신적으로 간병했음에도 결국 돌아가시고 말았다는 상실감에 지금도 여전히 고통스러워한다. 그 긴 간병 기간을 보면 F 씨가 얼마나 어머니를 사랑했는지 잘 알 수 있다.

심리학에는 가족을 잃은 유가족이 상실의 감정을 극복하고 어떻게 삶을 살아나갈 것인가를 연구하는 '그리프 케어Grief care'라는 영역이 있다.

누구나 소중한 사람을 잃으면 '충격기'를 마주해야 한다. 소중한 사람이 죽었다는 사실을 받아들이지 못해 충격이 더 큰 시기다. 이 시기에는 '돌아가신 어머니를 다시 만나기를 간절히 바라며 밤에도 잠을 이루지 못하는' 상태 등이 이어진다.

F 씨는 딸기를 본 순간 어머니가 떠올라 슬퍼졌다고 이야기했는데, 이를 '**기념일 반응**'이라 부른다.

그리프 케어 전문가들은 이런 과정을 통해 조금씩 슬픔이나 괴로움을 극복해 나가고, 언젠가는 어머니가 돌아가셨다는 사실을 받아들이고 앞으로 자신이 어떻게 살아가야 할지 고민하는 단계가 찾아온다고 분석했다.

이 과정으로 본다면 F 씨는 아직 어머니의 죽음을 충분히 받아들일 수 있는 단계에 도달하지 못한 것인지도 모른다.

### 🗨 이렇게 해보자

슬픔의 한가운데에 서 있는 F 씨가 어머니의 죽음을 받아들이기까지는 조금 더 시간이 필요할 것 같다. 서둘러 어머니를 잊어버리려고 애쓰지 않아도 된다. 어머니와 함께했던 즐겁고 기뻤던 많은 추억들을 가족과 공유하도록 하자.

분명 F 씨의 어머니는 자신을 정성껏 보살펴 준 딸 덕분에 행복했을 것이다. 또 딸에게 고마운 마음을 품었음에 틀림없다.

흐르는 시간이 F 씨의 마음을 서서히 치유해 줄 것이다. 사랑하는 사람은 떠나갔어도 항상 마음속에서 당신을 지켜보고 있다는 사실을 잊지 말도록 하자.

## 딸과 어머니의 관계는 변화하면서 평생 동안 이어진다

지금까지 중년의 딸과 그 어머니의 관계성에 대해 살펴봤다. 앞의 사례들을 통해 딸과 어머니의 관계에는 다양한 형태가 존재하고 그 속에는 각각의 고민과 괴로움이 존재한다는 사실을 알 수 있었다.

앞서 말한 것처럼, 한 조사에서 중년 여성들에게 스무 살 때와 비교해 봤을 때 어머니와의 관계가 변화했는지에 대해 질문했더니 약 60%의 여성이 '변화했다'고 응답했다. 예전에 안 좋았던 관계가 좋은 쪽으로 바뀌었다고 응답한 사람이 있는가 하면, 나쁜 쪽으로 바뀌었다고 응답한 사람도 있었다. 그리고 그 변화는 어머니가 점점 나이를 먹으면서 부모 자식의 역할이 바뀌게 된 데 원인이 있는 경우가 많았다.

어렸을 때부터 줄곧 의지하며 살아온 어머니가 딸이 중

년쯤 되자 갑자기 딸에게 기대기 시작한다. 중년 여성들은 이런 상황을 받아들이지 못해 고민하는 것인지도 모른다.

어쨌든 어머니와의 관계는 앞으로도 쭉 오랫동안 이어진다. 나이 든 어머니는 물론 자기 자신의 생활도 소중하게 여길 수 있는 모녀 관계를 구축해 나가길 바란다.

제2장

# 아버지와의 관계

- 부녀 관계는 모녀 관계보다 더 어렵다 -

# 당신에게 아버지는 어떤 존재인가?

심리학에서 아버지에 관한 연구는 어머니에 관한 연구보다 훨씬 늦게 시작됐다. 1980년대 중반까지 아버지는 제2의 부모로서, 어디까지나 어머니의 육아를 도와주는 인물로 자녀에게 그다지 큰 영향을 미치지 않는다고 여겨졌다.

하지만 램Lamb은 유유아乳幼兒, 유아(乳兒)와 유아(幼兒)를 아울러 이르는 말로, 학교에 들어가기 전의 어린아이를 이른다의 경우 어머니와 마찬가지로 아버지에게도 확실히 애착을 보인다는 사실을 밝혀내고 아버지에 관한 연구를 활발히 진행했다. 그 후 서서히 아버지가 아이에게 미치는 영향에 관한 연구가 이루어지기 시작했다. 하지만 중년이 된 딸과 아버지의 관계를 다룬 연구는 거의 없었다.

이에 나는 중년 여성이 아버지와 어머니에게 품는 의식에 어떤 차이가 있는지 조사해 봤다. 그 결과 중년기 딸이 아버지에 대해 '서로 이해하지 못한다', '가치관이 다르다'와 같이 응답한 비율이 어머니보다 훨씬 높다는 사실을 알 수 있었다. 아무리 나이가 들어도 딸에게 아버지는 이해하지 못할 구석이 있는 존재인 것이다.

## 은퇴 후 생활을 즐기는 아버지와
## 아무것도 하지 않는 아버지의 차이는 크다
—

중년 여성의 아버지가 지금도 정정하다면 대부분 퇴직하고 어느 정도 시간이 흘러 유유자적한 생활을 보내고 있을 것이다.

과거에 잘 나가던 영업 사원, ○○회사의 부장님 같은 멋진 직함의 소유자도 은퇴하고 나면 그 순간 사회와의 접점이 딱 끊기고 만다. 그렇게 되면 주말농장에서 토마토, 오이 같은 채소를 키우는 데 정성을 들이고, 일과 삼아 도서관에서 독서를 하고, 강아지를 산책시키고, 남성을 대상으로 한 요리 교실에 다니고, 회사 다닐 때는 전혀 할 수 없었던 취미 활동을 즐기거나 무언가를 배우러 다니곤 한다. 어떤가? 당신의 아버지도 이렇게 활동적인 생활을 즐기고 있는가?

한편 거의 매일 똑같은 트레이닝복을 입은 채로, 외출은 슬리퍼를 끌고 근처 편의점에 가는 정도밖에 안 하는 아버지들도 있다. 매일 누워 텔레비전만 쳐다보고 집안일은 모조리 아내에게 맡겨 두는 아버지의 모습에 실망한 사람도 있지 않을까?

여성은 나이가 들어도 비교적 새로운 사람과 만나는 일을 힘들어하지 않는다. 하지만 남성 중에는 그러지 못하는 사람이 많다. 과거의 직함이 항상 머릿속을 스치고 지나가 이를 버리면서까지 새로운 자기 자신을 찾으려고 노력하지 않는다. 어쩌면 노력해도 안 되는 것일지도 모른다.

## 인간관계에 빨간 신호등이 켜질 때

**단둘이 있으면 무슨 이야기를 해야 할지 몰라 불편하다**

쉰다섯 살인 A 씨의 아버지는 과거 경찰관이라는 다소 융통성이 없는 직업의 소유자였다. 몇 년 전에 요양 보호 시설에 들어갔는데, 주위 사람들과 전혀 이야기가 통하지 않는 데다 단체 체조나 취미 수업에도 참여하지 않아 하루 종일 아무것도 하지 않고 지낸다. 치매 증상도 조금씩 나타나는지, 이유는 알 수 없지만 아침이 되면 양복을 차려입고 그대로 하루 종일 지낸다고 한다.

A 씨가 요양 보호 시설을 방문하면 "왜 나를 이런 곳에 집어넣었냐?"며 불평불만만 늘어놓는다. 다른 이야기로 화제를 돌려 보려고 해도 이제껏 아버지와 단둘이 지내 본 경

험이 별로 없다 보니 이야깃거리를 찾지 못하고 결국 침묵만 이어지고 만다.

A 씨는 이런 아버지를 어떻게 대하면 좋을지 몰라 난처하다고 한다.

## 🔍 왜 이런 일이 생겼을까?

어머니와는 하고 싶은 이야기도 나누고 사이좋게 점심도 먹으러 나가지만, 아버지와 단둘이 있으면 왠지 마음이 무겁다는 딸이 많다. A 씨도 그렇다. 그 이유는 어린 시절을 돌이켜 봐도 아버지와 단둘이 외출하거나 밥을 먹으러 나가 본 경험이 없기 때문이다. 아버지와 딸은 어머니와 딸보다 같이 보낸 시간이 압도적으로 적다.

따라서 공통의 화제가 적은 것도 어찌 보면 당연하다. 하물며 보살핌이 필요한 상태의 아버지는 딸에게 미지의 존재다. 뭐라고 말을 걸으면 좋을지 몰라 고민되는 것도 무리는 아니다.

## 💬 이렇게 해보자

단둘이 있을 때 이야깃거리가 없어 난처하다면 예전 아버지의 일, A 씨의 경우라면 경찰관으로 지내며 힘들었던 이야기나 학창 시절 등에 대해 물어보면 어떨까?

억지로 공통의 화제를 찾으려 하지 말고 인터뷰어가 됐다는 마음가짐으로 아버지가 수다쟁이가 될 만한 화제를 찾아 이야기를 들어 주는 것이다. 분명 아버지도 즐거웠던 옛날이야기라면 얼마든지 수다쟁이가 될 수 있을 것이다.

치매를 앓고 있는 사람이라면 때로는 같은 이야기를 무한 반복하거나 이야기를 꾸며 낼지도 모른다. 그럴 때는 다른 성인 여성으로서 즐겁게 고개를 끄덕이며 이야기를 들어 주도록 하자. 아버지에게는 딸과 편안하게 이야기를 나누는 시간이 무엇보다 큰 기쁨일 것이다.

## 당신은 아버지를 좋아하는가?
## 미워하는가?

'내 이상적인 남편상은 아빠예요. 아빠 같은 사람과 결혼하고 싶어요.'

당신은 이 의견에 'Yes'인가? 'No'인가?

내 대답은 물론 'No'다. 예전부터 아버지 같은 사람과는 절대 결혼하지 않겠다고 다짐했다. 그래서 '결혼한다면 아빠 같은 남성이 좋다'라는 사람이 있다는 사실이 믿어지지가 않는다.

다음 페이지의 그래프는 내가 실시한 앙케트 조사에서 '아버지 같은 남성과 결혼하고 싶다는 생각을 한 적이 있는가?'라는 질문에 대한 응답률을 나타낸 것이다. 응답자는 506명의 중년 여성들이었다.

• 아버지 같은 남성과 결혼하고 싶다는 생각을 한 적이 있는가?

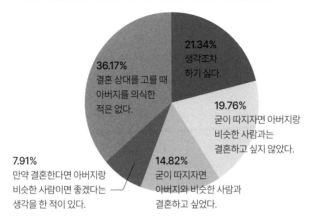

21.34%
생각조차
하기 싫다.

19.76%
굳이 따지자면 아버지랑
비슷한 사람과는
결혼하고 싶지 않았다.

36.17%
결혼 상대를 고를 때
아버지를 의식한
적은 없다.

14.82%
굳이 따지자면
아버지와 비슷한 사람과
결혼하고 싶었다.

7.91%
만약 결혼한다면 아버지랑
비슷한 사람이면 좋겠다는
생각을 한 적이 있다.

'생각조차 하기 싫다'가 21.34%, '굳이 따지자면 아버지랑 비슷한 사람과는 결혼하고 싶지 않았다'가 19.76%, '굳이 따지자면 아버지와 비슷한 사람과 결혼하고 싶었다'가 14.82%, '만약 결혼한다면 아버지랑 비슷한 사람이면 좋겠다는 생각을 한 적이 있다'가 7.91%, '결혼 상대를 고를 때 아버지를 의식한 적은 없다'가 36.17%를 기록했다.

우리 아버지는 성격이 급하고 마음에 들지 않는 일이 생기면 어머니나 자식들에게 호통을 치는 사람이었다. 어린 나이에도 항상 아버지의 기분이 상하지 않도록, 아버지가 화내지 않도록 조심하며 생활했다.

하지만 이 세상에는 아버지를 좋아하고 아버지가 이상적인 남성이라는 여성도 있었다. 이 사실에 놀라 아버지를 좋아하고 싫어하는 요인이 무엇인지 알아보고 싶어졌다.

이 의문을 풀고자 하는 마음이 심리학 연구를 시작하게 된 계기가 됐고, 결국에는 심리학을 가르치는 일까지 하게 됐으니 지금은 아버지에게 감사할 따름이다.

## 아버지는 어머니를 통해 간접적으로
## 딸에게 영향을 미친다

—

일단 학창 시절 때의 당신과 아버지의 관계를 체크해 보도록 하자. 다음 페이지의 체크 테스트에서는 아버지를 '인간적인 매력', '이성으로서의 매력', '부모님의 친화성'이라는 관점에서 평가한다.

같은 테스트를 여대생들에게도 똑같이 해봤다.

그 결과 '어머니를 너무나도 사랑하는 사람이었다(이다)', '아버지와 어머니는 마음이 통하는 부부였다(부부다)', '아버지와 어머니는 솔직하게 의견을 나눌 수 있는 부부였다(부부다)'로 구성된 **'부모님의 친화성' 항목 득점이 높을수록 딸이 아버지에게 호감을 느낀다**는 사실을 알 수 있었다.

다시 말해 딸은 아버지가 자신과 동성인 어머니를 소중

## 딸의 시각으로 본 아버지 체크 테스트(오노데라, 2014)

당신의 아버지는 다음 각 항목에 어느 정도 해당하는가? 그 정도를 아래에 있는 번호
중에서 선택하여 기입한 후 합계 점수를 내시오.

| | |
|---|---|
| 1. 전혀 그렇지 않다 | 2. 굳이 이야기하자면 그렇지 않다 |
| 3. 어느 쪽도 아니다 | 4. 약간 그렇다      5. 매우 그렇다 |

### 인간적인 매력에 대해

① 일을 대하는 아버지의 자세는 훌륭하다.       (    )

② 항상 가족을 신경 쓴다.       (    )

③ 배려심 있는 사람이다.       (    )

④ 한 인간으로서 존경할 수 있다.       (    )

⑤ 경제적으로 가계를 뒷받침해 왔다.       (    )

### 이성으로서의 매력에 대해

① 아버지의 모습을 다른 사람에게 자랑하고 싶다.       (    )

② 양복을 입은 아버지의 모습이 멋지다.       (    )

③ 말투나 목소리가 멋지다.       (    )

④ 집에서 힘쓰는 일을 하는 아버지의 모습에 남자다움을 느낀 적이 있다. (    )

⑤ 아버지는 나에게 이상적인 남성이다.       (    )

### 부모님의 친화성에 대해

① 어머니를 너무나도 사랑한다.       (    )

② 아버지와 어머니는 마음이 통하는 부부다.       (    )

③ 아버지와 어머니는 솔직하게 의견을 나눌 수 있는 부부다.       (    )

합계 점수 ＿＿＿＿＿ 점

합계 점수 45~65점 → 아버지는 매력적이다.
합계 점수 31~44점 → 아버지는 매력적인 편이다.
합계 점수 13~30점 → 아버지는 매력이 부족하다.

하게 여기고 두 사람의 사이가 좋을수록 아버지에게 호감을 느낀다는 사실이 밝혀진 셈이다.

아버지는 딸이 처음으로 접하는 이성이다. 따라서 딸이 이성을 선택할 때 아버지는 그 롤 모델로서 기능한다. 그리고 딸은 무의식중에 부모님의 관계성을 관찰하고 어머니라는 필터를 통해 간접적으로 아버지를 바라본다.

## 잊을 수 없는 아버지의 한마디

———

당신은 학교를 졸업한 후 취직했는가? 지금도 계속 일하고 있는가? 아니면 결혼 후 일을 그만두고 현재 전업주부인 상태인가?

최근 중년기를 맞이한 현재 당신의 직업의식에 아버지의 한마디가 영향을 미쳤을 것이라는 연구 결과가 나왔다.

예전에 우연히 헌책방에서 『커리어 우먼』이라는 책을 발견해서 읽은 적이 있다. 성별 역할 분업 의식이 여전히 뿌리 깊게 박혀 있던 1970년대 후반 미국 사회에서 관리직 자리에 올라 활약하던 스물다섯 명의 여성을 인터뷰한 책이었다. 나는 책의 내용 중에서도 특히 관리직 자리에 오른 스물다섯 명의 여성 모두 자매만 있는 집의 장녀로 태어나 아버지에게 성별에 따른 역할 분담에 대한 교육을 전혀 받지 않고 자랐다는 대목에 관심이 끌렸다.

참고로 나 또한 세 자매 중 장녀다. 또 자랄 때 아버지에게 '여자답게 굴어라', '여자는 결혼해서 아이를 낳아야 행복하다'와 같은 성 역할에 따른 교육도 받지 않았다.

오히려 아버지는 내가 고등학교 2학년이었을 때 지금도 잊을 수 없는 한마디를 남겼다. "대학까지는 보내 주겠다. 그다음부터는 어떤 길을 가던 네 자유다. 단, 결혼을 하든 안하든 혼자 힘으로 살아갈 수 있는 사람이 돼라."

일이나 자기 자신에 대한 이야기는 거의 하지 않던 사람이었기 때문에, 아버지의 그 말에 깜짝 놀랐던 기억은 아직까지도 선명히 남아 있다. 자립해서 살아가라는 아버지의 메시지는 마침 진지하게 진학을 고민하던 나의 그 후 삶의 방식에 크나큰 영향을 미쳤다.

## 아버지는 딸의 직업의식 형성에 영향을 미친다

─

당신은 어렸을 적 아버지에게 '여자답지 못하게 그런 놀이(예를 들어 밖에서 축구를 한다거나 위험한 곳에서 뛰어내리는 행동) 하면 안돼', '그건 여자가 쓰면 안 되는 말이니까 쓰지 마'와 같이 여성이니까 ○○하는 편이 좋다, ○○해서는 안 된다 등의 교육을 받았는가? 이렇듯 성별에 따라 다른 교육을 '성역할 교육', 이를 통해 몸에 배인 남성, 여성에 대한 의식을 '성역할 의식'이라 부른다.

여성성이 높은가, 남성성이 높은가는 형제자매의 구성이 어떻게 되느냐에 따라서도 달라진다. 형제자매의 구성이 남매인 경우 성역할 교육이 이루어지기 쉽다. 하지만 자매만 있는 경우에는 성별에 구애되지 않고 자유롭게 자라나는 경향이 있다.

『커리어 우먼』속에 등장하는, 관리직에 오른 대부분의 미국 여성은 자매만 있는 집안의 장녀로 태어나 어린 시절 아버지에게 성역할 교육을 받지 않았다고 회상했다. 나 또한 마찬가지다.

이렇게 보면 당신이 직업을 갖지 않고 아이나 남편을 위해 가정을 지키는 현모양처형 삶을 살아왔는지 아니면 일과 집안일을 병행하는 커리어 우먼형 삶을 살아왔는지는 그때까지 아버지가 당신을 대하는 방식에 영향을 받은 결과인지도 모른다.

## 인간관계에 빨간 신호등이 켜질 때

### 불륜을 저지른 아버지를 용서할 수 없다

오십 대 후반인 B 씨의 이야기다. 무역회사에 근무하던 B 씨의 아버지는 그녀가 어렸을 때 거의 집에 들어오지 않았다. 세 살 위인 오빠는 공부를 잘해 아버지에게 사랑받았다. 반면 B 씨는 아버지와 놀았던 기억이 거의 없다. 성적도 좋지 않아 혼났던 기억밖에 없다.

게다가 B 씨가 고등학생일 때 아버지가 불륜을 저지른 사실이 드러났다. 그 후 매일 같이 싸워 대는 부모님 때문에 집에 들어가는 일이 고통스러웠다고 한다.

그러던 중 아버지가 암에 걸려 수술하고 입원하게 됐다. 그 후 아버지는 내연녀와의 관계를 정리했다. 어머니는 경제력이 없는 전업주부였던 탓에 부부 사이는 그냥저냥 원래대로 돌아갔다.

어느덧 아버지의 나이도 팔십 대에 들어섰다. 하지만 B 씨는 아직도 아버지를 용서할 수 없다고 한다. 가끔 친정집에 들러도 아버지와는 거의 말을 섞지 않는다. 하지만 집에 돌아오면 자기혐오에 빠져 속 좁은 자기 자신을 질책하고 또 질책한다고 한다.

### 🔍 왜 이런 일이 생겼을까?

B 씨의 아버지는 지금까지 가족은 돌보지 않고 일을 핑계 삼아 자기 마음대로 살아온 사람인 듯하다.

B 씨는 어린 시절 아버지가 오빠만 예뻐하고 자기와는 놀아 준 기억이 없다고 회고했다. 사랑받는 오빠가 부럽고, 외롭지 않았을까? 지금도 느껴지는 이 외로움은 사실 아버지를 좋아해서 자신과 놀아 주기를 바랐던 B 씨의 마음이 표출된 것인지도 모른다.

어머니를 배신하고 다른 여성과 만난 아버지를 용서할 수 없다는 B 씨. 아버지를 좋아하지만 용서할 수는 없다는 상반된 마음이 강하다 보니 이제는 나이 든 아버지를 어떻게 대하면 좋을지 몰라 고민되는 것이다.

### 이렇게 해보자

내 부모니 내가 돌봐야 하지 않을까? 그러지 못하는 자기 자신을 질책하고 마는 B 씨는 분명 마음 착한 사람일 것이다.

자, 그렇다면 어떻게 하면 좋을까?

우선 아버지를 부모로 보지 말고 도움이 필요한 한 명의 어르신이라고 받아들여야 한다. 부모라고 생각하면 화가 치밀어 오르기 때문이다.

그 다음에는 '이런 아버지가 있었기에 결혼 상대로 아버지 같은 남성을 고르지 않을 수 있었다', '일에 몰두할 수 있었다'와 같이 관점을 바꿔 보면 어떨까? 그야말로 아버지

는 '반면교사'로서 당신의 성장에 영향을 미쳤을지도 모른
다. 이렇게 생각하면 나이 든 아버지에게 조금이나마 상냥
하게 말을 걸어 줄 수 있지 않을까?

### 🚨 인간관계에 빨간 신호등이 켜질 때

## 가족에게서 고립된 폭군 아버지

"아버지는 젊었을 때부터 무엇이든 자기 마음대로 하고 늘
잘난 척만 했어요. 근데 정년퇴직한 지금도 계속 집에서 폭
군 행세를 해요." 사십 대인 C 씨의 이야기다.

C 씨의 아버지는 대기업에서 임원까지 지낸 후 몇 년 전
에 퇴직했다. 정년퇴직 후 하이쿠俳句, 일본 정형시의 일종를 낭독하
는 모임에도 가입했지만 주위 사람들 사이에 녹아들지 못했
다. 결국 삼 개월도 안 돼 그만둔 후로는 계속 집에만 있는 상
태다.

집에서는 항상 어머니에게 잘난 척 으스댄다. 동생네도
부모님 집 근처에 사는데 아버지가 집에 들어앉은 후로는 거
의 들르지 않게 됐다.

"가끔 어떻게 지내나 싶어 가보면 항상 누워서 텔레비
전만 보고 있어요."

이혼을 준비 중인 어머니는 집을 나갈 생각만 하고 있다

고 한다. C 씨는 조만간 아버지 혼자 남게 될 것 같아서 걱정이다.

"이런 아버지긴 하지만 부모 자식의 연을 끊을 수도 없고 앞으로 어떻게 대하면 좋을까요?"

## 왜 이런 일이 생겼을까?

C 씨의 아버지는 가부장적인 남편의 전형이라고 할 수 있다. 분명 무슨 일이든 완벽하게 해내고자 하는 성격이었기에 대기업 임원까지 지낼 수 있었을 것이다.

그렇게 회사를 생각하며 살아온 사람이 갑자기 하이쿠 모임에 가입한다 한들 지금까지 자신이 만나 왔던 기업인들과는 완전히 다른 사람들과 잘 지낼 수 없는 것 또한 어찌 보면 당연하다. 하물며 자유로운 발상으로 자연이나 생활을 느끼고 이를 시구로 표현해야 하는 하이쿠는 마음을 표현하는 데 서툴기만 한 아버지에게는 어려운 일이었을지도 모른다. 그렇기에 지금은 그 초조함을 아내에게 터트리고 텔레비전을 보며 뒹굴뒹굴하는 일로밖에 자신이 있을 장소를 찾지 못하는 것이 아닐까?

오랜 세월 남편의 제멋대로인 행동에 정이 떨어져 헤어지려는 아내의 마음 따위 전혀 눈치채지 못하고 있을지도 모른다.

💬 이렇게 해보자

그렇다면 앞으로 아버지와 어떻게 지내면 좋을까?

가장 중요한 포인트는 아버지가 보람을 느낄 일을 찾을 수 있도록 도와드리는 것이다.

회사 업무에 관한 정보와는 달리 아버지에게는 거주 지역에 관한 정보가 아마 별로 없을 것이다. 그렇다면 C 씨 또는 근처에 사는 동생이 지역에서 전개하는 활동에 한번쯤 아버지와 같이 참여해 보는 방법도 추천한다.

또 C 씨의 자녀들을 친정집에 데려가 아버지의 말동무가 돼드리게 하거나 아버지께 아이들 공부를 봐달라고 부탁하거나 진학이나 취직에 대한 조언을 구하는 방법도 좋지 않을까?

기업의 최전선에서 일했던 만큼 C 씨 아버지에게는 기업이나 사회생활에 관한 지식이 풍부할 것이다. 분명 아버지에게는 손자 손녀들에게 당신의 사고방식이나 지식을 알려 주고 가르쳐 주고 싶은 마음이 있을 터다.

위압적인 태도로 화만 내는 아버지지만 퇴직 후 아무할 일 없는 하루하루에 외로움을 느끼고 있을지도 모른다.

아버지의 딸이지 않은가. 상냥하게 말을 걸어 주기 바란다.
그러면 아버지의 마음도 조금은 누그러지지 않을까?

# 예전의 아버지가 아니라는
# 사실을 받아들이자

이번 장에서는 우선 아버지가 지금까지 딸의 인생에 어떤 영향을 미쳤는지 생각해 봤다. 자칫 잘못하면 아버지는 가족 속에서 고립되고, 가정생활은 어머니 중심으로 돌아가기 쉽다. 아버지보다는 어머니와 이야기하기 편한 경우가 많기 때문이다. 상황이 이렇다 보니 아버지가 자식인 딸에게 아무런 영향도 미치지 않을 것이라 생각하기 십상이다.

하지만 딸에게 아버지는 이성을 대표하는 대상이자 결혼 상대를 선택할 때의 판단 기준이 된다는 사실이 심리학 연구로 밝혀졌다. 나아가 지금 당신의 라이프스타일에도 영향을 미쳤다는 사실 또한 판명됐다.

전업주부로 살며 아이 키우는 데 전념할 것인가? 아니면 아이가 태어난 후에도 일을 계속할 것인가? 이와 같은 인생의 선택을 돌이켜 보면 아버지의 말 한마디나 조언이 당신의 선택에 영향을 미쳤다는 사실을 알 수 있다.

아버지는 성격이 급하고 금세 큰소리로 호통 치기 때문에 예전부터 말 걸기 어렵고 좋아할 수 없었다는 여성도 많다. 그런 아버지를 돌봐야 하는 문제가 불거지면 딸이니 당연히 보살펴 드려야 한다는 사실을 잘 알면서도 어떻게 대처하면 좋을지 몰라 고민하는 여성도 있다.

다시 말해 나이 든 아버지와의 관계는 상당히 어렵다고 할 수 있다. 그러나 나이 든 아버지의 구부정한 등을 보면 딸 또한 더는 예전의 아버지가 아니라는 사실을 실감할 수 있을 것이다. 그런 아버지와 예전에 있었던 추억에 관해 함께 이야기를 나눌 수 있게 된다면 좋으리라. 이제부터 새로운 관계를 구축해 나간다고 생각하고 노력해 보자.

제3장

# 배우자와의 관계

- 서로 기댈 수 있는 평생의 파트너 -

# 앞으로도 함께할
# 인생의 동반자

당신이 기혼이라면 몇 살 때 결혼했는가?

일본 후생노동성이 2018년에 발표한 '인구동태통계'에 따르면 일본인 남성의 평균 초혼 연령은 31.1세, 여성은 29.4세를 기록했다. 일본 사회에서 만혼화가 진행되고 있다는 사실을 알 수 있다.

결혼 상대의 조건으로는 남성, 여성 모두 예나 지금이나 ①성격 ②함께 있으면 즐겁다 ③가치관의 일치를 꼽았다. 또 최근에는 남녀 모두 '우리 부모님을 신경 써준다'를 결혼 상대의 조건으로 뽑았다.

남성이나 여성이나 자기 부모님을 소중히 여기는 마음은 좋다. 하지만 저출산 시대인 요즘 앞으로 자기 부모님은 물론 배우자의 부모님을 간호하고 보살피는 일을 두고 부부 사이에 문제가 발생하지 말라는 법은 없다.

이외에도 남성은 결혼 상대의 조건으로 집안일을 잘하는 여성을, 여성은 경제력이 있는 남성을 꼽았다.

## 비슷한 사람인가? 정반대인 사람인가?
—

심리학에서 연애나 결혼 심리는 '대인 매력'이라는 개념으로 설명된다.

그중에서도 어떤 이성에게 끌리는지에 관한 연구에서는 ①자신과 비슷한 사람에게 끌린다 ②자신과 정반대인 사람에게 끌린다와 같이 극단적인 이성 선택 경향을 보인다.

①의 경우 두 사람의 가치관이 비슷하고 함께 있을 때 상대방의 동의를 구하기 쉬워 언쟁을 벌일 일이 별로 없다. 상대방의 행동을 예측하기 쉽다는 긍정적인 측면도 있다. 하지만 두 사람의 관계가 매너리즘에 빠지기 쉬워 쉽게 질린다는 부정적인 측면도 있다.

반면 ②의 경우 서로의 성격과 가치관이 다르기 때문에 자신에게 없는 부분을 상대방이 채워 주는 긍정적인 측면이 있다. 하지만 둘 중 누군가가 우위에 서고자 하면 지배하고 복종하는 관계에 빠지기 쉽다. 또 자기 생각을 억지로 관철시키려 하고 양보하지 않기 때문에 싸움으로 번지는 일이 많다는 부정적인 측면도 있다.

어느 정도 아이를 키워 놓고 나면 여성은 자유롭게 쓸 수 있는 자신만의 시간을 확보할 수 있다. 요즘에는 그런 시기에 이혼하고 인생 후반부를 다시 시작하는 여성도 늘고 있다.

## 🚨 인간관계에 빨간 신호등이 켜질 때

### 너무 상냥한 남편이 싫다

쉰아홉 살인 편집자 A 씨는 남편 때문에 짜증날 때가 있다고 한다. 음대를 나온 A 씨의 남편은 음악 관련 일을 한다. 그래서인지 감수성이 풍부해서 영화를 보다가도 쉽게 감동 받아 눈물을 흘리곤 한다.

집에 돌아오면 A 씨에게 그날 있었던 일을 아주 상세하게 이야기해 준다. 덕분에 A 씨는 그저 남편의 불평불만을 듣고 있기만 한다고 한다. 그런 A 씨가 털어놓은 고민은 다음과 같다.

"제가 감기에 걸려 기침을 심하게 하거나 힘들어하면 남편이 물을 가져다주고 등을 문질러 주곤 해요. 그런데 사실 저는 남편이 안 그랬으면 좋겠어요. 힘들 때는 그냥 혼자 견디고 싶거든요."

"다음 날 아침에 일어나 거실에 가면 '몸은 좀 괜찮아?

약은 먹었고?' 하며 귀찮게 물어봐요. 그냥 좀 내버려 뒀으면 좋겠는데……. 어떻게 하면 남편이 저한테 신경을 좀 꺼줄까요?"

A 씨는 앞으로 남편을 어떻게 대하면 좋을지 고민이라고 한다.

## 🔍 왜 이런 일이 생겼을까?

A 씨의 고민을 듣고 많이 놀랐다. '그렇게 착한 남편이 어디 있다고. 부럽다! 그런데 왜 A 씨는 상냥하게 대해 주는 남편이 싫은 걸까…….' 이런 생각이 들었다.

이때 심리학자 융Jung의 이론이 떠올랐다.

융은 인간의 마음에는 '사고', '감정', '감각', '직관'이라는 네 가지 기능이 있다고 이야기했다.

'사고'는 좋다, 싫다와 같은 감정론이 아니라 매사를 논리적으로 판단하려는 기능이다. 그리고 그 정반대에 위치하는 기능이 '감정'이다. 그리고 '감각'은 오감을 이용해서 사물을 이해하려는 기능, '직관'은 순간적인 번뜩임이나 즉흥적인 생각과 같은 기능으로 이 두 가지가 정반대 극에 위치한다.

융의 설명에 따르면 인간은 일상생활 속에서 이 네 가지 기능 중 하나를 주기능으로 사용하기 때문에 반대 극에 위치한 기능은 아직 무의식 속에 잠들어 있다고 한다. 그리고 이 잠들어 있는 기능을 활성화하면 마음의 균형이 잡히고 인간적으로 성장해 나갈 수 있다고도 설명했다.

이 관점을 A 씨 부부에게 적용해 보면 감정이 예민하고 감수성이 풍부한 음악가 남편의 주기능은 '감정'이다. 그렇기에 아내에게 자연스럽게 상냥한 말을 건넬 수 있는 것이다.

반면 A 씨는 두뇌명석하고 매사를 논리적으로 판단하고자 하는 '사고' 타입이다. 그렇기에 몸이 안 좋을 때 남편이 상냥하게 배려해 주면 이를 부담으로 느끼는 것인지도 모른다.

다시 말해 A 씨 부부는 서로 정반대의 기능을 갖추고 있어 사실 상대방의 약점을 보완해 줄 수 있는 좋은 조합이라 할 수 있다.

### 이렇게 해보자

이 세상에는 여러 형태의 부부 관계가 존재한다. 상대방이 '이런 사람이면 좋겠다' 하는 자신의 마음을 알아차리고 말을 걸어 주고 행동으로 보여 준다면 부부 관계는 평안하고 무사할 것이다. 하지만 그렇게 잘 풀리지는 않는다.

A 씨 부부의 경우 '감정'기능이 우위인 남편과 '사고'기능이 우위인 아내의 조합이다.

이를 어떻게 융합해 나가면 좋을까? 이에 대해 융이 한 이야기는 시사하는 바가 매우 크다. 바로 인간적으로 성장해 나가려면 자신과 정반대에 위치한 심리적 기능을 이해하고 이를 몸에 익히기 위해 노력하는 일이 중요하다는 말이다.

다시 말해 '사고'기능이 우위인 A 씨는 남편의 '감정'기능을 이해하고 자신 또한 그 기능을 사용할 수 있도록 노력해야 한다. 이를 통해 균형 잡힌 부부 관계를 구축해 나갈 수 있다.

오랜 세월 같이 산 중년 부부쯤 되면 상대방이 다음에 어떤 말을 하고 어떤 태도로 나올지 정도는 예상할 수 있다. 하지만 앞으로도 쭉 같이 인생을 걸어가야 할 파트너가 아닌가. 상대방의 좋은 점을 다시 한번 확인해 보도록 하자. 그리고 남편에게 '항상 마음 써줘서 고마워'라고 한마디 건넬 수 있는 마음의 여유도 중요하다.

# 부부 관계에 생기는
# '어긋남'의 정체

그럼 다음으로 A 씨 부부처럼 남편이 상대방을 위한답시고 한 일이 아내에게 부담으로 다가오는, 다시 말해 부부 관계에 생기는 어긋남에 대해 생각해 보고자 한다.

그건 그렇고 당신은 오늘 남편과 대화를 나누었는가?

여기서 말하는 대화는 "오늘 몇 시에 돌아와? 저녁밥은?"이라고 묻는 당신의 질문에 "오늘 회식 있으니까 저녁은 필요 없어. 지하철 끊기기 전까지는 들어올게"라고 대답하는 사실 확인용 대화가 아니다.

"오늘 말이야, 회사에서 입력해 놓은 USB의 데이터가 다 날아가서 그 잔소리 많은 상사한테 엄청 깨졌다고. 완전 짜증나." 이렇게 말하는 당신에게 남편이 "그거 힘들었겠네. 내일 제대로 해서 그 상사한테 한 방 먹이면 돼!" 하고 당신의 기분을 받아들여 주고 피드백 해주는 이런 대화 말이다.

일본인 부부의 대화 시간을 살펴보면 '부부 관계가 원만하다'고 응답한 부부(이십 대에서 오십 대)의 경우 평일 삼십 분에서 한 시간 정도가 27.5%, 한 시간에서 두 시간 정도가 26.0%를 차지했다.

반면 '부부 관계가 원만하지 않다'고 응답한 부부의 경우에는 삼십 분 이하가 51.5%로 가장 높은 비율을 차지했다 (메이지야스다생명明治安田生命이 실시한 2019년 10월 인터넷 조사에서).

이 결과를 통해 많은 대화가 원만한 부부 관계의 비결이라는 사실을 알 수 있다. 역시나 부부는 별것 아닌 이야기라도 매일매일 대화를 나누는 것이 중요하다.

## 중년 부부의 대화는 '아이들 이야기'가 주를 이룬다

———

그렇다면 부부는 대화할 때 주로 어떤 이야기를 나눌까?

심리학 측면에서 부부 관계의 연구에 힘을 쏟고 있는 이토伊藤는 커뮤니케이션이 부부 관계에 미치는 영향에 대해 다음과 같이 보고했다.

연구 대상자는 육아기 남성 352명(평균 연령 40.5세), 여성 525명(평균 연령 38.3세), 중년기 남성 483명(평균 연령 50.2세), 여성 522명(평균 연령 47.4세)이었다.

연구에서는 우선 남편과 아내에게 '최근에 기뻤던 일

이나 즐거웠던 일', '장래에 관한 일(노후 관련 포함)', '자녀에 관한 일(성장하는 모습이나 고민거리, 진학 등)', '부모님에 관한 고민', '자신의 처우, 배치, 승진, 구조조정', '직장 내 인간관계' 등에 대해 배우자, 친구, 직장 동료에게 어느 정도 이야기하는지 물어봤다.

이렇듯 자신에 대해 이야기하는 것을 심리학에서는 '자기개방self-disclosure'이라 부르는데, 앞으로 이 용어를 사용해서 설명하고자 한다.

아래에 나오는 그래프를 잘 봐주길 바란다. 이는 이토, 사가라相良, 이케다池田가 응답자들이 여섯 가지 화제에 대해 이야기하는 정도를 그래프로 나타낸 것이다.

■ 자기개방에 관한 부부 비교(이토, 사가라, 이케다, 2007)

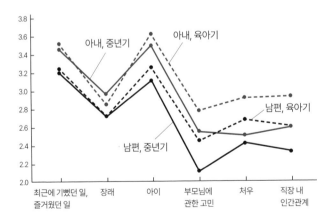

그 결과 남편의 경우 육아기, 중년기 관계없이 모든 화제에서 아내보다 자기개방이 적다는 사실을 알 수 있었다. 그리고 아내는 '아이'에 대해 남편과 이야기하는 일이 많았다. 또 '부모님에 관한 고민'의 경우 중년기 여성보다 육아기 여성이 남편에게 더 많이 이야기하는 경향이 있었다.

어쩌면 '어머님이 애들 버릇이 안 좋다고 뭐라고 하셔서 기분이 안 좋아'라거나 '아버님이 이제 슬슬 애들 학원에 보내야 되는 거 아니냐고 자꾸 말씀하셔'처럼 시아버지, 시어머니를 향한 불평불만을 털어놓는 건지도 모른다.

## 남편은 아내가, 아내는 친구나 자녀가 이야기를 들어 주기를 바란다

—

또 아내의 경우 육아기, 중년기 관계없이 하루 중 남편과 길게 이야기를 나누고, 그중에서도 남편이 그날 있었던 일을 들어 줄 때 부부 관계의 만족도가 높아졌다.

반면 남성의 경우 육아기에는 대화시간이 길수록, 중년기에는 자기개방이 많을수록 부부 관계의 만족도가 높아졌다.

중년이 된 남편은 아내에게 자신에 관한 이야기를 하면서 자신을 드러내고 아내가 그 이야기를 들어 주기를 바라는 것은 아닐까?

이 결과는 남성의 경우 일이 바쁜 사십 대에는 아내에게 자신의 이야기는 별로 하지 않고 주로 들어 주기만 하는 경우가 많다면, 오십 대, 육십 대쯤 되면 이번에는 아내가 자신의 이야기를 들어 주기를 바란다는 사실을 시사한다.

**아내는 친구나 직장 동료 등 자신의 이야기를 들어 줄 환경을 이미 마련해 놓았다.** 하지만 중년의 남편은 아내만이 자신의 이야기를 들어 줄 유일한 상대인지도 모른다.

바로 이것이 부부 사이 커뮤니케이션이 어긋나는 이유가 아닐까.

## 남편의 성의 없는 답변 때문에 어긋남이 커져간다
—

난바難波(1999)는 아내의 경우 '앞으로 부모님을 어떻게 보살펴 드려야 할까?', '아이들 대학 진학에 필요한 비용은 어떻게 마련할까?'와 같이 장래의 경제적 문제 같은 깊이 있는 대화를 남편과 나누고 싶어 하지만, 남편은 이를 피하는 경향이 있다고 지적했다.

그러고 보니 내가 남편에게 이런 이야기를 했을 때도 '글쎄', '그때 가서 생각하면 되지. 지금부터 고민한다 한들 방법이 없잖아'와 같은 성의 없는 대답만 돌아온 경우가 많았다.

　오랫동안 이런 태도가 지속된다면 아내는 남편에게 이야기해도 어차피 진지하게 들어 주지 않는다며 대화를 포기하고 만다.

　반면 '친구나 동료는 진지하게 내 고민을 들어 줄 거야'라고 생각한다. 따라서 서서히 친구나 동료에게 이야기하는 체제를 정비해 나간다.

　오랫동안 이어져 온 남편의 성의 없는 대답과 건성건성 듣는 태도가 부부 사이의 어긋남을 점점 더 키우고 마는 것이다.

## 남편은 '자신이 아내를 사랑한다'고 굳게 믿는다

——

이토, 사가라(2012)는 중년 부부의 애정 체크표를 만들어 연령별로 부부간 애정 척도 득점을 비교해 봤다. 여러분도 지금 당장 84페이지에 있는 '부부 사이 애정 체크표'를 보고 자신이 배우자를 얼마나 사랑하는지 측정해 보길 바란다.

　어떤가? 몇 개 항목에 체크했는가?

　이토, 사가라의 연구에서는 사십 대부터 칠십 대까지의 연령별 애정 척도를 비교해 봤다. 그 결과 연령이 높아질수록 남편, 아내 모두 애정 척도 득점이 높아지는 경향을 볼 수 있었다. 그리고 남편의 득점이 모든 연령대에서 아내보다 높게 나타났다.

이 결과를 통해 **남편이 아내보다 상대방에게 애정을 품고 있다는 인식이 높고, 특히 퇴직 후인 칠십 대에는 남편이 아내를 의지하는 것으로** 추측해 볼 수 있다. 즉 남편은 나이가 들수록 자신이 아내에게 애정을 품고 있다고 굳게 믿고, 나아가 아내에게 의지하게 된다.

이렇듯 시간이 지날수록 부부의 인식에는 어긋남이 생겨난다.

## 부부 사이 애정 체크표 (이토, 사가라, 2012)

☐ 고민거리나 의논할 일이 있으면 배우자는 자기 일처럼 함께 생각해 준다.

☐ 배우자는 나를 이해해 준다.

☐ 배우자와 함께 있으면 안심이 된다.

☐ 왠지 힘이 없을 때 배우자는 무심한 듯 신경 써준다.

☐ 일이 잘 안 풀릴 때 배우자는 조언해 주고 옆에서 지켜봐 준다.

☐ 싫은 일이 있거나 의기소침해 있을 때 배우자는 따뜻하게 위로해 준다.

☐ 배우자는 내 컨디션이나 건강을 챙겨 준다.

☐ 굳이 말하지 않아도 배우자는 내 마음을 헤아려 준다.

☐ 최대한 배우자의 마음을 이해하려고 노력한다.

☐ 배우자를 위해서라면 내가 할 수 있는 모든 일을 해주고 싶다.

☐ 배우자를 한 인간으로서 존경한다.

☐ 그날 있었던 일이나 기뻤던 일은 배우자에게 제일 먼저 이야기한다.

☐ 배우자는 무슨 일이 있어도 내 편을 들어 준다.

☐ 배우자는 나를 신뢰한다.

☐ 불평불만을 털어놓아도 배우자는 조용히 들어 준다.

☐ 배우자가 갑자기 사라진다면 망연자실할 것이다.

---

체크 항목이 많을수록 '배우자에 대한 애정이 강하다'는 뜻이다.

# 부부 사이의 '어긋남'은
# 왜 점점 커져 갈까?

요즘은 부모님이 정해 준 사람과 결혼하는 시대가 아니다. 두 사람이 어떤 계기로 서로를 알게 되고 연애하다 결혼을 결심하고 부부가 되는 시대다.

따라서 결혼 초기에는 애정이 넘쳐흐른다. 하지만 결혼하고 얼마 지나지 않아 부부 사이에 아이가 태어나면 서로의 마음이 어긋나기 시작한다.

나는 아이를 임신했을 때, 아이가 태어나고 나서 이 년 후, 그리고 삼 년 후, 이렇게 약 사 년 동안 부부 관계가 어떻게 변화하는지 연구해 왔다. 다음 페이지에 있는 그림을 봐 주길 바란다.

서로를 친밀하게 느끼는 감정(예: 남편 또는 아내와 화기애애하다/남편 또는 아내가 없으면 외롭다)은 아이가 태어나면서 점점 저하된다. 반면 상대방에게 완고해지는(예: 남편 또는 아내의 실패나 실수에 엄격하다) 경향이 강해졌는데, 특히 아내에게서 이런 경향이 두드러졌다.

그리고 아내는 남편에게 '아기 기저귀 좀 갈아 줘', '쓰레기 좀 내다 놔' 같이 자신의 욕구를 강하게 드러내는 반면 남편은 꾹 참는 경향이 강해졌다.

'지금은 아내 기분이 안 좋은 것 같으니 시키는 대로 해야지', '오늘 저녁 반찬은 간이 너무 센데? 난 좀 싱거운 편이 좋은데'와 같이 하고 싶은 말이 있어도 꾹 참는다.

아이가 태어나면 엄마는 강해진다. 그리고 아내의 입지 또한 점점 강해진다는 사실이 연구를 통해 확인됐다.

• 아이가 태어나기 전과 후의 부부 관계의 변화(오노데라, 2014)

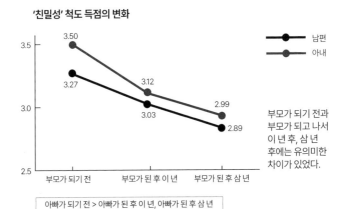

'친밀성' 척도 득점의 변화

부모가 되기 전과 부모가 되고 나서 이 년 후, 삼 년 후에는 유의미한 차이가 있었다.

아빠가 되기 전 > 아빠가 된 후 이 년, 아빠가 된 후 삼 년
엄마가 되기 전 > 엄마가 된 후 이 년, 엄마가 된 후 삼 년

**'완고함' 척도 득점의 변화**

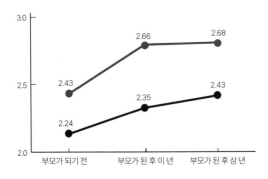

엄마가 되기 전과 엄마가 되고 나서 이 년 후, 삼 년 후에는 유의미한 차이가 있었다.

엄마가 되기 전 > 엄마가 된 후 이 년, 엄마가 된 후 삼 년

**'인내' 척도 득점의 변화**

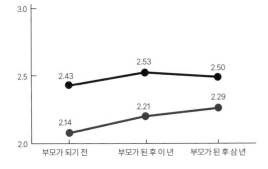

부모가 되기 전과 부모가 되고 나서 이 년 후, 삼 년 후에는 유의미한 차이가 없었다.

## 아이가 태어나면 부부 관계는 변화한다

남편이 밖에서 일하고 아내가 가정을 지키는 현모양처형 부부 관계가 일반적이던 시대에는 아내가 남편의 기분을 살펴가며 생활했다. 하지만 지금 시대에는 그 입장이 역전된 듯하다.

앞의 연구에서도 알 수 있듯 아이가 태어나면 부부 관계는 크게 변화하기 시작한다. 그 변화에 따라 부부 관계가 악화되는 경우도 적지 않다.

그렇다면 이렇게 악화되는 이유는 무엇일까? 남편의 육아와 집안일 참여도를 가장 큰 요인으로 들 수 있다.

일본인 남성의 집안일 참여 정도는 평일 약 삼십오 분으로, 선진국 중에서도 가장 낮다. 남편이 이 정도밖에 집안일에 참여하지 않는 경우 일을 하면서 아이까지 돌봐야 하는 아내의 부담은 매우 크다. 그 결과 남편을 향한 불만이 점점 커져 간다.

한편 이李(2006)는 아내의 부부 관계 만족도의 경우 남편이 얼마나 오랜 시간 집안일을 도와주거나 아이를 돌봐 주느냐가 아니라 자신이 품고 있는 집안일이나 육아에 대한 기대에 남편이 어느 정도 부응해 주느냐가 중요하다고 지적했다.

실제로 아내 중에는 남편이 요리하면 뒷정리가 더 힘들어지니 차라리 안 했으면 좋겠다는 사람도 있다. 즉 남편의 집안일과 육아 참여는 물리적인 의미에서의 가사 노동의 경감이 아니라 얼마나 아내의 마음을 헤아리고 격려의 말을 건네며 뒷받침해 주느냐가 문제라는 뜻이다. 남편이 집안일과 육아에 참여하는 것은 아내를 사랑한다는 증거기도 하다.

단순히 집안일과 육아에 참여한다고 아내의 부부 관계 만족도가 높아지는 것은 아니다. 아내의 마음을 알아차리는 힘, 그리고 격려해 주는 말이야말로 부부 관계를 좋게 만드는 열쇠다.

# 황혼이혼의 원인 중 하나는
# 대화가 없어진다는 데 있다

일본 후생노동성의 '2018년 인구동태통계 연간추계'에 따르면 일본인 부부의 이혼 건수는 20만 7000건, 이혼율은 1.66‰을 기록했다. 이는 이 분 삼십 초마다 한 쌍의 부부가 이혼한다는 뜻이 된다. 50세 이상의 이른바 황혼이혼이 증가하고 있다는 사실 또한 눈길을 끈다.

후생노동성의 통계에 따르면 1970년에 5416건이었던 50세 이상 부부의 이혼 건수가 2016년에는 21만 7000건으로 늘어났다. 이 중 동거 기간이 이십 년 이상인 부부가 3만 7604쌍이었다.

최근 중년기 이후 부부의 이혼이 증가한 데는 몇 가지 요인이 영향을 미쳤다.

우선 사회적 요인으로는 여성의 사회 진출이 늘어나 경제적으로 자립할 수 있게 됐다는 점을 들 수 있다.

과거 남편의 수입에 의존하며 전업주부로서 가계를 꾸리고 아이를 키우는 삶이라는 선택지밖에 없었던 시대에는 이혼하고 싶어도 아이를 위해 꾹 참고 살았던 여성들이 많았다. 하지만 50세를 넘어설 즈음이면 더는 아이들 교육에 돈도 들지 않고 부부 사이를 이어 주던 아이들도 독립하기 시작한다. 게다가 여성들도 자기 일이 있어 경제적으로 자립된 상태다. 그 결과 부부 사이 대화가 줄어들고 같이 있어야 할 의미도 사라져 이혼을 결심하는 여성이 늘어난다.

다음으로 **부모님을 보살피는 문제도 중년 부부가 다투는 요인 중 하나다.** 만약 부부 사이가 좋다면 서로 힘을 모아 양가 부모님을 보살펴 드릴 것이다. 하지만 둘 중 누군가가 '시부모나 처부모는 절대 모시지 않겠다'는 의사를 표명한다면 이혼으로 발전할 수도 있다.

## 정년퇴직으로 변하는 부부의 거리감

—

또 다른 요인으로는 남편의 정년퇴직이라는 문제가 있다.

남편이 회사에 다니던 때는 아내가 자기 마음대로 시간을 쓸 수 있었다. 하지만 남편이 정년퇴직을 하고 집에 계속 있게 되면 세끼 식사 준비는 물론 남편의 말동무가 돼주고 함께 외출도 해야 하는데, 이런 상황이 너무 힘들다는 여성이 늘고 있다.

이토, 사가라의 연구에서도 **남편은 나이가 들수록 아내와 더 친밀하게 지내고 싶어 하며, 기댈 곳은 아내뿐인 상태에 빠지는 경향이 있다는 사실이 밝혀졌다.**

남편은 남편대로 '**지금껏 열심히 일해 왔으니 약간의 어리광 정도는 받아 주겠지**' 하는 심리가 작용해서 아내에게 제멋대로 구는 것인지도 모른다.

### 🚨 인간관계에 빨간 신호등이 켜질 때

**정년퇴직할 때가 되니 살갑게 구는 남편 때문에 난처하다**

오십 대 후반인 B 씨의 이야기다. 이미 역직정년役職定年, 정년이 되기 전에 일정한 연령에 도달하면 관리직에서 제외하는 제도 시기를 맞이한 B 씨의 남편은 야근도 거의 없어 정시에 퇴근하는 일이 많다. 바로 이즈음부터 지금까지 가정을 돌보지 않았던 남편이 '쓰레기 버릴까?', '오늘 저녁은 내가 뭐든 만들어 볼게'라며 집안일을 도우려 하고, '이번 주 일요일에 외식하러 나갈까?'라고 말을 건네는 등 B 씨에게 다가서려는 모습을 보인다고 한다.

사실 B 씨는 현재 대학교 2학년인 아들이 대학을 졸업하고 나면 이혼하려고 준비 중이다.

B 씨는 말한다. "이제 와서 살갑게 굴어도……. 내가 제일 힘들 때는 아무것도 도와주지 않더니! 이미 늦었다는 사실을 전혀 모르나 봐요."

## 🔍 왜 이런 일이 생겼을까?

이 사례는 '남편은 나이가 들수록 아내와 더 친밀하게 지내고 싶어 하며, 기댈 곳은 아내뿐인 상태에 빠진다'는 이토, 사가라의 연구 보고로 설명할 수 있지 않을까?

가정을 돌보지 않고 일만 하다 역직정년 제도로 회사 제일선에서 물러나게 된 남편의 눈에는 이제야 자신이 돌아갈 장소를 확실히 지켜 주고 있는 아내의 존재가 보이기 시작한 것이리라.

집안일을 도와주려 하고 '이번 주 일요일에 외식하러 나갈까?'라고 말을 거는 등 아내에게 다가서기 위해 노력하는 이유는 '아내와의 관계를 소중히 여겨야 하지 않을까?', '결국 마지막에 기댈 곳은 아내뿐이니까'와 같은 마음이 들어서인지도 모른다.

## 💬 이렇게 해보자

오랜 결혼 생활 동안 생긴 부부 사이의 틈을 앞으로 어떻게 메꾸면 좋을까?

게다가 아내인 B 씨는 이혼마저 준비하고 있다. 앞으로 사이좋게 지내자는 신호를 보내는 남편의 행동은 한참 아이를 키우던 젊었을 때라면 받아들여졌을지도 모른다. 하지만 이미 '때는 늦었다.' B 씨의 당황스러운 마음도 충분히 이해된다.

하지만 그럴 때야말로 잘 생각하고 행동해야 한다. 지금은 지긋지긋한 남편이지만 연애하던 시절과 결혼해서 아이를 낳을 때까지는 애정이 넘쳐흐르지 않았는가?

지금은 남편이 된 남성의 어떤 점이 좋아 결혼을 결심했는지 떠올려 보기를 바란다. 혹시 성실하게 열심히 일하는 모습은 아니었는가? 남편은 그 성실함이 장점이었기 때문에 오로지 일만 하며 열심히 살아왔던 건지도 모른다.

이런 수십 년 동안의 남편의 노력, 열심히 일해 온 삶을 돌이켜보면 남편의 좋은 점을 재발견할 수 있지 않을까? 지금의 남편이었기에 좋았고 도움을 받은 일 또한 있지 않았을까?

아내와 함께 다시 인생을 걸어가고자 하는 남편을 받아들일 수만 있다면 이 또한 인간으로서의 큰 성장으로 이어질 것이다.

## 정년퇴직한 남편과 계속 같이 살아야 할 의미를 모르겠다

C 씨는 육십 대 초반의 여성이다. 세 명의 자녀를 다 키워 내고 지금은 정년퇴직한 남편과 단둘이 생활하고 있다. 하지만 원래 육아 방침에서도 의견 차이가 컸고, "누구 덕분에 이런 생활이 가능하다고 생각해?" 같은 언어폭력을 당하며 살아온 C 씨에게 정년퇴직으로 남편이 매일 집에 있는 생활은 고통 그 자체다.

C 씨는 아르바이트나 취미인 요가를 하러 가는 등 매일 외출할 이유를 만들어 되도록 집에 있지 않으려고 노력한다고 한다.

아침, 저녁으로 밥을 차려 줘도 남편은 고맙다는 말 한마디 없다. 대화도 거의 나누지 않는다.

"남편에게 나는 눈에 보이지 않는 공기 같은 존재예요" 라고 이야기하는 C 씨. 시아버지, 시어머니는 아직 정정하지만 나중에 보살핌이 필요할 때 그 부담을 혼자 다 떠안아야 하는 건 아닌지 생각하면 공포까지 느껴진다고 한다.

이미 침실도 따로 쓴 지 오래고 이럴 바에야 차라리 이혼해서 남편과 인연을 딱 끊는 편이 인생 후반부를 조금이나마 편하게 살 수 있는 방법이 아닐까 싶어 고민 중이라고 한다.

C 씨는 앞에 소개한 B 씨보다 남편과의 결혼 생활에 따른 심리적 스트레스가 커서 상황이 더 심각할지도 모르겠다.

육아 방침을 둘러싼 의견 대립이나 언쟁은 물론 오랫동안 "누구 덕분에 이런 생활이 가능하다고 생각해?"와 같은 언어폭력마저 당하며 살아왔기 때문이다.

'정신적 학대'는 이혼 원인의 항목에 포함돼 있으며, 남편의 말 때문에 생긴 마음의 상처는 엄연한 이혼 사유다.

최근 이런 황혼이혼은 늘어나고 있는 추세로, C 씨 부부의 케이스가 특별하다고만은 할 수 없다.

## 💬 이렇게 해보자

이혼의 가장 큰 걸림돌은 경제적인 측면이다. 이혼해서 집을 나오게 되면 연금은 남편과 절반씩 나눠 가지게 된다. 나머지는 아르바이트를 해서 얻는 수입으로 꾸려 나가야 하는데, 이것이 가능할지 확실히 계획을 세우고 고민해야 한다.

경우에 따라서는 법원에서의 조정도 필요할지 모른다. 경제적인 문제만 해결된다면 용기 내어 이혼하고 새로운 생활을 시작하는 것도 좋지 않을까?

육십 대에 들어섰다고는 해도 인생 100세 시대가 다가

오고 있다. 앞으로 친구나 세 명의 자녀, 나아가 미래의 손자 손녀들과 즐겁게 인생을 보낼 수 있다면 C 씨는 긍정적이고 알찬 삶을 보낼 수 있을 것이다.

# 중년 부부의 위기를
# 극복하려면

우리 사회는 지금 고령화사회로 진입하고 있다. 부부 모두 건강하고 서로가 서로를 뒷받침하며 끝까지 함께하는 삶이 가장 바람직하겠지만, 인생은 부부 관계에서도 오르락내리락한다.

지금까지 살펴봤듯 중년기에 즈음해서 이혼 위기에 직면하는 부부도 많다. 하지만 여러 가지 문제 속에서도 끝까지 함께 살아가고자 하는 사람도 많을 것이다.

이번 장을 마무리하며 파트너와 인생을 함께 잘 살아가려면 어떻게 하면 좋을지 생각해 보고자 한다.

## 생판 남이라고 생각하면 상대방을 용서할 수 있다
—

결혼해서 그럭저럭 육칠 년 이상 지나고 나면 서로 하고 싶은 말도 주고받을 수 있고 상대방이 자신을 누구보다 잘 이해해 주고 지탱해 준다는 착각에 빠진다. 그러다보니 남편, 아내 모두 굳이 **이야기하지 않아도 서로를 이해할 수 있다는 망상에 빠지는** 것은 아닐까?

하지만 여기에는 함정이 있다. 십 년 이상 결혼 생활을 하는 동안 남편은 일을 하며, 아내는 일을 시작하거나 아이를 키우며 새로운 인간관계를 구축한다. 그리고 이는 인간적인 성장으로 이어진다. 결혼했을 당시의 자기 자신보다 더 진보하고 변화된 셈이다.

그리고 남편과 아내는 어느 사이엔가 **상대방을 자신의 분신처럼 여기지만** 절대 이심전심이 통한다고는 할 수 없다. 그렇기 때문에 앞에서 이야기한 것처럼 부부 사이가 점점 더 크게 어긋나기 시작한다. 이럴 때일수록 상대방은 자라난 환경도, 성격도, 가치관도 다른 인간이라는 사실을 다시 한번 떠올려 보는 것이 중요하다.

**처음에 배우자는 생판 남이었으나, 지금은 서로를 뒷받침해 주는 인생의 파트너다.** 이렇게 냉정하게 생각하면 짜증나는 마음도 조금은 줄어든다.

서로를 완벽하게 이해하고 받아들이는 일은 애당초 무리다. 처음에는 생판 남이었다는 사실을 떠올리도록 하자.

그러면 상대방의 나쁜 면이 아닌 좋은 면에도 눈을 돌

릴 수 있게 된다.

## '방치형 남편'과 '결벽증 남편'

———

남편의 어떤 점이 좋은지 새삼 생각해 본 적이 있는가? 그보다는 하루하루의 생활 속에서 고쳐 줬으면 하는 일만 떠오르지 않는가?

예를 들어 파자마나 양말 등을 벗어서 그냥 그 자리에 두거나 다 먹은 밥그릇을 식탁 위에 그냥 내버려 두거나 치약을 쓰고는 뚜껑을 열어 놓은 채 그대로 두거나…….

여성들이 모여 남편의 험담을 늘어놓을 때 등장하는 유형은 대부분 '방치형 남편'이다.

"자기 물건 정도는 스스로 정리해 줬으면 좋겠어. 내가 가사 도우미도 아니고 말이야!" 하며 화내는 것도 당연하다.

이런 '방치형 남편'의 반대는 '결벽증 남편'이라고 할 수 있을 것이다.

모든 것을 강박증이 의심될 정도로 깔끔하게 정리하는 남편과 살면 어떤 느낌일까? 매일 아침 입었던 파자마를 직접 깔끔하게 접어 놓고, 빨래한 옷도 제대로 말리지 않으면 불평불만을 늘어놓고, 쓰레기를 완벽하게 분리해 놓지 않으면 화를 내고…….

언뜻 보면 '결벽증 남편'은 아내들의 이상형일지도 모른다. 하지만 실제로 이런 사람이 남편이라면 꽤나 피곤하다. 아내가 '방치형'인 경우 특히 그렇다.

이 '방치형 인간'을 긍정적으로 받아들이면 어떻게 될까?

'느긋하고', '일일이 잔소리하지 않고', '나 또한 편하게 살 수 있다' 등이 머릿속에 떠오른다. 또 신경질적이어서 항상 초조해하기보다 마음이 평안해서 대범한 성격처럼 느껴진다.

이렇게 생각하면 부부 관계는 서로가 서로를 돕는 균형 잡힌 관계가 최고일지도 모르겠다.

그렇다면 서로의 좋은 점을 발견했을 때 상대를 칭찬해 주면 어떨까?

오늘부터 당장 남편의 좋은 점을 한 가지 발견해서 칭찬해 보도록 하자.

"당신은 말이야, 환갑이 지났는데 이런 일도 못하네. 뭐, 느긋하니 좋아!" 하며 웃어 보자. 남편이 '어? 뭔가 평소랑은 다른데?' 하고 느낀다면 성공이다.

## '남편의 싫은 점' 바꿔 말하기 레슨
—

다음은 아내들이 남편의 싫은 점으로 자주 입에 올리는 표현을 적어 본 것이다. 이를 다른 긍정적인 표현으로 바꿔 보면 어떻게 될까?

그 예를 들어 놓았으니 생각해 보길 바란다.

그리고 만약 당신 남편에게 해당되는 부정적인 표현이 있다면 메모해 두었다가 긍정적인 표현으로 '바꿔 말하는 습관'을 들여 보도록 하자.

- 부정적인 표현 바꾸어 말하기 표

  남편의 거슬리는 점을 긍정적인 표현으로 바꿔 보도록 하자.

| 부정적인 표현 | 긍정적인 표현 |
|---|---|
| ① 칠칠맞다. | 대범하다. |
| ② 기분이 오르락내리락 한다. | 감수성이 풍부하다. |
| ③ 제멋대로다. | 나한테 어리광을 부린다. |
| ④ 고지식하다. | 자기 의사가 뚜렷하다. |
| ⑤ 마이페이스다. | 신념이 있다. |
| ⑥ 인색하다. | 경제관념이 있다. |
| ⑦ 쉽게 화를 낸다. | 정의감이 강하다. |
| ⑧ 말이 없다. | 다른 사람의 이야기를 잘 들어 준다. |
| ⑨ 쉽게 우울해진다. | 매사에 진지하다. |
| ⑩ 소심하다. | 조심성이 많다. |
| ⑪ 예민하다. | 센스 있다. |
| ⑫ 성격이 급하다. | 판단이 빠르다. |

제4장

# 자녀와의 관계

- 가장 친밀하지만 서로 자립해야 하는 관계 -

# 육아가 끝난 후 악화되는
# 부모 자식 관계

지금 중년 여성에게 자녀가 있다면 스무 살 전후에서 삼십 대 초반 정도의 나이인 경우가 많을 것이다. 또 요즘 초혼 평균 연령이 서른 살 전후로 늦어졌으니 대부분의 자녀가 아직 독신인 학생이나 직장인이지 않을까? 물론 자녀가 일찍 결혼하고 아이까지 출산해서 젊은 나이에 할머니가 된 사람도 있겠지만 말이다.

자녀가 성인이 될 때까지 이십 년에 걸친 부모 자식 관계를 떠올려 보면, 아이가 큰 병을 앓은 적도 있을 것이고, 학교 가기를 거부하거나 왕따를 당하거나 비행의 길로 빠질 뻔하는 등 여러 문제에 직면하면서 부모와 자식이 모두 고민하며 살아온 세월일지도 모른다.

어머니라면 누구나 아이를 키우며 크고 작은 고생을 한다. 한밤중에 젖을 물리는 일부터 시작해서 말이 너무 늦은 것은 아닌지, 친구를 잘 사귈 수 있을지 걱정하고, 공부며 대학 입시며 힘든 일의 연속이었을 것이다.

그런 와중에도 유치원 졸업식에서 부쩍 자란 아이를 보며 눈물을 흘리고, 운동회 달리기 시합에서 1등으로 들어와 기뻐하고, 바라던 학교에 합격해서 다행이라며 축하해 주고, 여름방학이 되면 가족 여행을 떠나는 등 여러 가지 즐거운 추억들은 아이가 있었기 때문에 누릴 수 있었던 것이리라.

## 육아는 '자녀가 성인이 되면 끝나는 것'이 아니다.
—

중년이 된 어머니들은 지금 이십 년 이상에 걸친 육아가 일단락돼서 열심히 살아온 세월에 안도감을 느끼며 한숨 돌리는 심정일 것이다. 그러나 한편으로 예전에는 자식과 큰 문제가 없다고 생각했는데, 아이들이 성인이 되자 관계가 악화돼서 어떻게 해야 좋을지 모르겠다는 여성도 많다.

예를 들면 남자에게 빠져 집을 나가더니 행방을 알 수 없는 딸, 은둔형 외톨이가 되어 하루 종일 집에만 틀어박혀 있는 아들, 어릴 때부터 산만하다 생각했는데 알고 보니 발달 장애였다는 것이 드러난 아들, 스물셋에 결혼을 하더니 이혼하고 아이까지 데리고 집으로 돌아온 딸 등 문제는 각

양각색이다.

　이렇게 되면 요즘 시대의 육아는 '자녀가 성인이 되면 끝나는 것'이라고 딱잘라 단정할 수만은 없게 되었다.

# 자녀와의 양호한 관계는
# '부모로부터의 자립'이 관건이다

심리학적인 관점에서 '자립'은 '청년기'에 확실히 확보해 둬야 할 과제다. 지금까지 '청년기'는 중학생, 고등학생, 그리고 대학생 무렵까지의 시기를 의미했다. 하지만 **최근에는 그 기간이 연장돼서 30세 전후까지를 청년기로 본다.**

그렇다면 청년기를 더 길게 보게 된 이유는 무엇일까? 지금의 젊은이들은 어른으로 이행하기까지 시간이 더 걸리기 때문이다.

어른으로의 이행 여부를 판단하는 지표로는 **①취직 ②태어나 자란 집에서의 독립 ③결혼해서 부모가 됨**의 세 가지를 들 수 있다. 그리고 이들 세 가지의 공통점은 '**심리적 자립**'이다.

그런데 ①의 경우 학교를 졸업한 후에도 정규직으로 취직하지 않고 아르바이트를 하며 살아가는 사람이 늘고 있다. ②의 경우는 사회적 문제로 대두되고 있는 비싼 집세를 생각하면 이해할 수 있을 것이며, ③의 경우에는 초혼 평균 연령이 남녀 모두 30세 전후로 늦어지고 있는 사회적 현상을 염두에 두어야 한다.

이런 사회적 영향 탓에 아이가 어른으로 대접 받기까지 의 평균 시간은 옛날에 비해 더 오래 걸리고 있다.

## 심리적 자립의 네 가지 측면
——

고사카高坂와 도다戸田(2006)는 심리적 자립을 '성인기에 적응 하는 데 필요한 심리적, 사회적 능력을 갖춘 상태'라고 정의 하고, 이를 행동적 자립, 가치적 자립, 정서적 자립, 인지적 자립이라는 네 가지 측면에서 파악했다.

이들 네 가지 측면의 자립은 다음과 같다.

① 행동적 자립
자신의 의사로 결정한 행동을 자신의 힘으로 실천하고, 스 스로 책임질 수 있는 상태를 의미한다.

② 가치적 자립
행동과 사고의 지침이 되는 가치 기준이 명확하고, 이를 바

탕으로 모든 일의 선과 악, 행동 방침 등을 판단할 수 있는 상태를 의미한다.

③ 정서적 자립
다른 사람과 마음의 교류를 나누고 감정을 조절할 수 있으며 항상 마음의 안정을 유지할 수 있는 상태를 의미한다.

④ 인지적 자립
현재 자신의 모습을 있는 그대로 받아들이고, 다른 사람의 행동, 사고, 입장, 외적 사상事象을 객관적으로 이해하고 파악할 수 있는 상태를 의미한다.

이상의 내용을 정리해 보면 심리적 자립이란 스무 살 정도가 될 때까지 스스로 판단해서 자신의 행동을 결정하고, 확고한 가치관을 가지며, 있는 그대로의 자신의 모습을 받아들이고, 다른 사람과 안정된 관계를 구축해 나갈 수 있는 상태를 의미한다.

그렇다면 이런 심리적 자립을 확립하는 데 필요한 것은 무엇일까?

자녀의 자립에는 여러 가지 요인이 영향을 미친다. 당연히 본인의 기질이나 성격 같은 개인적 요인과도 연관이 있다. 하지만 부모가 자녀를 대하는 방법 같은 환경적인 요인도 자녀의 자립에 영향을 미친다.

 인간관계에 빨간 신호등이 켜질 때

## 연기자의 꿈을 버리지 못하는 아들

오십 대 후반인 A 씨의 외동아들은 현재 스물두 살이다. 고등학생 때부터 배우가 되고 싶어 했다. 하지만 A 씨는 아들이 대학을 졸업한 후, 고향의 시청에서 일하는 공무원이 되길 바랐다. A 씨의 말에 아들은 일단 도쿄로 상경해서 대학에 진학했다. 하지만 공부는 건성이고 편의점에서 아르바이트를 하면서 연극 동아리 활동만 열심히 했다. 수업도 거의 듣지 않고 연극 동아리에만 너무 빠져 산 나머지 결국 학점을 채우지 못하고 유급을 하고 말았다.

이 사실을 안 A 씨와 남편은 크게 화를 내며 도쿄로 올라갔다. 그러고는 아들을 억지로 고향으로 데리고 와서 대학을 그만두게 했다.

그 후 A 씨의 아들은 집을 뛰쳐나가 다시 도쿄로 갔다. 배우 소속사 오디션에 두 번이나 떨어졌지만 지금도 아르바이트를 하며 합격하기 위해 열심히 노력 중이라고 한다.

A 씨에게 이 외동아들은 너무나도 소중한 존재일 것이다. 그러니 지방에서 도쿄에 있는 대학까지 진학시키고, 나중에 고향에서 아들과 함께 살 희망을 품고 열심히 키웠으리라. 그런데 대학 수업도 제대로 듣지 않고 아르바이트와 동아리 활동에 푹 빠져 부모님에게 걱정을 끼쳤으니 두 사람이 노발대발하는 것도 당연하다.

하지만 아들은 자신의 꿈을 포기하지 못하고 결국 도쿄로 돌아갔다. 아들은 꿈을 향해 열심히 노력하는 타입의 사람인 것으로 보인다.

이 사례는 그야말로 부모가 자녀의 자주성을 무시하고 자립을 방해하는 전형적인 패턴이라 할 수 있다.

💬 이렇게 해보자

A 씨 아들의 훌륭한 점은 한 번 강제로 집에 끌려왔지만 스스로의 의지로 배우가 되기 위해 다시 상경했다는 점이다. 이번에야말로 부모님의 방해에 굴하지 않고 진정한 의미에서 자립할 수 있기를 바란다.

그리고 A 씨는 자신의 힘으로 걸어 나가고자 하는 아들을 따뜻하게 지켜봐 주기를 바란다. 그러면 아들은 부모님의 응원에서 힘을 얻어 배우가 되고 싶다는 꿈을 실현할 수 있을 것이다. A 씨의 아들이 꿈을 실현하기 위해 최선을 다하기를 바란다.

# 자녀의 자립을 돕는
# 육아를 해왔는가?

당신의 자녀는 심리적으로 얼마나 자립했을까?

만약 심리적으로 자립하지 못한 것 같다면 지금 다시 한번 당신이 자녀를 대하는 방식을 점검해 봐야 한다. 앞에 서 소개한 A 씨처럼 자녀는 자립하려고 하는데 당신이 방해 하고 있을지도 모른다.

자녀의 자립을 촉진하는 데는 두 가지 중요한 포인트가 있다. 첫째는 자녀의 자주성을 존중할 수 있느냐 없느냐, 둘 째는 당신 자신이 주체적으로 살고 있느냐 아니냐다. 특히 지금까지 자녀를 위하는 마음으로 자녀만 바라보며 열심히 살아왔는데 왜 좋은 관계를 유지하지 못하는지 고민인 사람 이 있다면 아무쪼록 다음 페이지에 있는 표의 항목에 대해 생각해 보기를 바란다.

## 아이의 자주성을 존중할 수 있는지 여부를 체크하는 표

☐ 이성 교제 문제로 자녀와 의견이 다를 때 자신의 의견을 따르게 만들 생각이다.

☐ 자녀가 진학하거나 취직할 때 '○○ 학교로 해', '○○ 회사로 해' 하며 자녀를
　설득시키고 따르게 만든다.

☐ 자녀의 결혼에 대해 자신의 의견을 따르게 할 생각이거나 그렇게 했다.

☐ 내가 없으면 우리 아이는 살아갈 수 없다고 생각한다.

☐ 어렸을 때나 지금이나 내 아이는 순진하다.

> 만약 세 가지 이상에 체크했다면 당신은 자녀의 자주성을 그다지 존중하지 않는
> 부모일 수 있다. 이성 교제, 진학이나 취직 같은 문제는 이십 대 자녀에게 매우
> 중요한 인생 과제다. 이를 선택할 때 부모가 어떤 태도를 보이느냐에 따라 자녀의
> 자립이 촉진되느냐 아니냐가 결정된다.


## 당신 자신이 주체적으로 살고 있는지 여부를 체크하는 표

☐ 나에게는 지금 푹 빠질 무언가(예: 일이나 취미)가 없다.

☐ 나에게는 앞으로 하고 싶은 일이 없다.

☐ 하루하루가 즐겁지 않다.

☐ 푸념을 털어놓을 상대(예: 친구, 남편, 친정 엄마)가 없거나 적다.

☐ 하루하루가 그냥저냥 지나간다.

> 만약 세 가지 이상에 체크했다면 당신은 주체적으로 살고 있지 않을 수 있다.

일을 하고 안 하고를 떠나서, 대부분의 어머니들은 자녀를 위하는 마음으로 온 힘을 다해 자식들을 키운다. 그리고 자녀의 성장을 함께 기대하고 자녀와 기쁨을 나눠 왔을 것이다.

이렇게 키운 자녀들이 스무 살을 넘어서면 건방진 말투로 어머니를 비판하고, 혼자서 판단하고 결정하며 자신의 길을 걸어가기 시작하고, 집을 떠나 혼자 살거나 결혼하기도 한다. 이런 상황에 직면했을 때 어머니들은 '아이한테 손 갈 일이 없으니 왠지 모르게 서운하다'는 느낌을 받는다. 허무감이나 상실감에 우울증에 걸리는 사람도 있다.

심리학에서는 이런 상태를 '**빈집증후군**'이라 부른다.

이런 상실감을 맛본 어머니들은 그후 자녀들을 어떻게 대할까? 자녀는 자립하려고 하는데 자식을 자기 분신처럼 여기고 상실감을 극복하지 못한 어머니는 때로는 자녀에게 도움의 손길을 청하고 응석부리는 태도를 보인다. 이것이 바로 '**역할 역전**'의 관계성이다.

## 부모 자식 사이에 역할 역전이 발생했다면 주의해야 한다

---

최근 부모 자식의 관계성이 바뀐다는 의미의 이 '역할 역전'이 주목받고 있다.

원래는 부모가 자식을 돌보고 정서적으로 지지하고 응원해야 해야 한다. 하지만 자녀가 성장하면서 부모, 특히 어머니가 자식에게 기대고 정서적인 지지를 기대하는 현상을 **역할 역전**이라 부른다.

야마다山田, 히라이시平石, 와타나베渡邊(2015)는 대학생 자녀를 둔 어머니의 역할 역전 척도를 작성했다.

예를 들어 '어머니는 자기 생각이 받아들여지지 않으면 토라진다', '어머니는 자기 마음대로 안 되면 심통을 부린다' 등의 요인을 '**부모의 굴절된 응석**'이라고 이름 붙였다.

또 '어머니에게 상처 주지 않도록 신경 쓴다', '내가 타협을 하더라도 어머니를 슬프게 만드는 일이 없도록 최대한 노력한다', '가능한 한 어머니를 기쁘게 해드리기 위해 노력한다' 등의 항목으로 구성된 요인을 '**자녀에 의한 정서적 지지**'라고 이름 붙였다.

어머니는 자식을 자기 마음대로 할 수 있다고 굳게 믿으며 자식에게라면 무슨 말을 해도 용서받을 수 있다고 생각하기 십상이다. 그래서 '**내가 너를 최선을 다해 사랑으로 키워 줬으니 이제는 너도 나를 똑같이 대해 줬으면 좋겠다**'와 같은 의식이 자기도 모르는 사이에 작용하는 것인지도 모른다.

원래는 자녀가 자립해서 떠나간 후의 쓸쓸함은 남편과

나누고, 남편이 버팀목이 돼줘야 한다. 하지만 그러지 못했을 경우 어머니는 남편에게 기대해야 할 정서적 지지를 자식에게 기대하고 마는 건지도 모른다.

이렇듯 어머니에게 굴절된 응석이나 정서적 지지를 강요받는 자녀는 사실 너무 힘들다. 로빈Robin E. Clark은 이런 상태를 '의사 성숙Pseudo-maturity'이라 불렀다.

'의사 성숙'은 있는 그대로의 자신을 드러내지 못하고 **자라난, 흔히 말하는 착한 아이를 줄곧 연기해 온 상태, 다시 말해 가짜 어른 상태를 의미한다.** 또 이런 역할 역전 상태의 어머니 밑에서 자라난 아이는 부모나 다른 사람을 너무 의식하고 부모의 기대를 저버리지 않기 위해 자신만 꾹 참으면 된다고 생각하는 경향도 있다.

### 인간관계에 빨간 신호등이 켜질 때

**조건이 지나치게 나쁜 남자와 결혼하겠다는 딸**

B 씨는 오십 대로, 아들 둘과 딸 하나를 두고 있다. 딸은 장녀로 현재 스물여섯 살이다. 딸은 어렸을 때부터 머리가 좋았다. 수학을 전공하고 대학원에도 진학했으며, 지금은 대학원 연구생으로 남아 유학 장학금을 받기 위해 열심히 공부 중이다.

하지만 생활력은 거의 없어서 아직도 부모님 집에서 대학원을 다니고, 필요할 때는 용돈도 받아 쓴다.

그런 딸이 어느 날 "결혼하고 싶은 사람이 있어. 이번 주 일요일에 데리고 올 거야"라는 말을 꺼냈다. 그리고 당일, 딸은 마흔이 다 된 듯한, 차림새도 어딘지 모르게 가난해 보이는 남성을 데리고 왔다. 듣자 하니 남성의 직업은 유화 화가로 정기적인 수입원은 그림 교실의 월급뿐이라고 했다. 화랑에 걸어 놓은 그림이 팔리면 임시 수입이 들어오긴 하지만 일 년에 한 장 팔릴까 말까한 상황이라 했다. 게다가 전처와 수년 전에 헤어진 돌싱남(정확하게는 전처가 집을 나간)이었다.

"유학 안 가고 결혼하려고. 일자리도 알아보려고 해."

이렇게 말하는 딸에게 "왜 지금까지 쌓아 온 모든 것을 버리려고 하니? 누가 봐도 후회할 게 뻔하잖아! 결혼은 제대로 자립해서 생활할 수 있을 때 해도 되지 않니?"라고 자기도 모르게 역정을 내고 말았다는 B 씨. 며칠 후 딸은 집을 나가 그 남성과 함께 살기 시작했다. 연락도 끊긴 상태여서 도대체 어떻게 살고 있는지 짐작도 안 된다고 한다.

### 왜 이런 일이 생겼을까?

딸은 B 씨에게 자랑스러운 존재였을 것이다. 장녀에 성격도

야무지고, 머리가 좋아 수학을 전공하고 대학원에까지 진학했다. 유학을 꿈꾸며 열심히 노력하던 딸이다. 그렇기 때문에 용돈까지 줘가며 생활을 뒷받침해 준 것이리라.

그런 딸이 나이 차이도 많이 나고 한 번 결혼했던, 게다가 벌이도 변변찮은 화가와 결혼하겠다고 나섰으니 당황한 B 씨가 '지금 결혼은 좀 빠르지 않니?' 하고 이야기하는 것도 당연하다.

'도대체 왜 유학이라는 꿈을 포기하면서까지 이 사람과 결혼하려는 걸까?' 이런 생각을 해볼 마음의 여유도 없었을 것이다.

지금은 집을 나가 버린 딸 생각에 매일 매일을 걱정 속에서 살고 있을 것이다. 한편 집을 뛰쳐나간 딸 또한 떠나온 집과 어머니 생각을 떠올리지 않는 날이 없을 것이라 여겨진다.

### 🗨 이렇게 해보자

일단 딸의 자립 선언을 받아들이도록 하자. 그것이 어떤 내용이든, 어떤 형태든 말이다. 그리고 앞으로 두 사람 사이에 응어리가 남지 않도록 다시 한번 딸과 차분히 이야기하는 기회를 마련하는 일이 중요하다.

B 씨에게는 아들이 두 명 있다고 했다. 아마도 아들들은 누나와 SNS 등으로 연결돼 있지 않을까? 아들들을 통해 '엄마는 화가 난 게 아니야. 엄마는 항상 네 편이고 싶어. 그러니 한번 만나자'와 같은 메시지를 전달하도록 하자.

딸을 만난다면 우선 '엄마는 너의 선택이 옳다고 믿어'라는 말부터 건네도록 하자. 그런 다음 그 화가의 어떤 점이 좋아 결혼까지 결심하게 됐는지 냉정하게 들어 주도록 하자.

그리고 '모처럼 힘들게 공부했는데 결혼하더라도 전공을 살릴 수 있는 일을 찾아보면 어때?' 하며 딸의 장래를 걱정하는 말을 전하도록 하자. 그러면 예전과 같은 모녀관계로 돌아갈 수 있을지도 모른다.

### 🚨 인간관계에 빨간 신호등이 켜질 때

**크게 싸운 후, 딸이 사과를 요구했다**

육십 대인 C 씨의 이야기다. 세 자매 중 둘째는 삼십 대 중반으로 어렸을 때부터 지기 싫어하는 성격 탓에 어머니인 C 씨와 자주 다퉜다고 한다.

언니와 동생은 결혼해서 가정을 꾸렸는데, 네일아티스트인 둘째 딸은 아직 독신으로 혼자 산다. 네일아티스트라는 직업의 특성상 직장에 여성들이 많은데, 그 안에서 원만한 인간관계를 구축하는 데에 어려움을 겪고 있다. 게다가 둘째 딸은 정신적으로도 약한 부분이 있어서, 지금까지 여러 번 직장을 옮겨 다녔다고 한다.

그러던 어느 날 불쑥 집을 찾아온 딸은 C 씨에게 '돈을 빌려 달라'고 부탁했다. 이유를 들어 보니 쇼핑을 너무 많이 해서 카드 대금을 다 못 냈다는 것이다.

삼십 대 중반이나 돼서 부모에게 돈을 빌리러 온 딸에게 C 씨는 "도대체 어쩌다 그 지경까지 된 거니? 너한테 빌려줄 돈 따위 없다"라고 딱 잘라 거절했다. 그러자 딸은 "엄마가 항상 내가 하려는 일에 반대하고 나서니까 내가 이렇게 된 거지! 다 엄마 탓이야. 나한테 사과해!"라며 되레 성을 냈다.

지금 딸은 전화를 해도 받지 않고 문자를 보내도 답장조차 없다. 그 후 카드 대금을 어떻게 했는지 알 수 없어 C 씨는 걱정으로 잠 못 이루는 나날을 보내고 있다고 한다.

### 🔍 왜 이런 일이 생겼을까?

C 씨의 딸은 위아래 자매 사이에 끼어 어렸을 때부터 항상 비교당하며 자라지 않았을까? 자기주장을 하지 않으면 인정받지 못하기 때문에 지기 싫어하고 오기 있는 성격으로

변해 버린 것인지도 모른다.

부모에게 첫째 딸은 첫아이니 귀엽고, 셋째 딸은 좀 더 나이 들어 낳은 아이니 귀엽다. 그런 상황 속에서 자라난 둘째 딸은 부모님의 관심을 별로 받지 못해 외로움을 느꼈을지도 모른다.

그런 둘째 딸이 이번에 부모님에게 금전적인 도움을 요청한 것이다. 그런데 부모님이 이를 거절하자 되레 성을 내고 큰 싸움으로 번지고 말았다.

"내가 이렇게 된 건 다 엄마 탓이야! 나한테 사과해!" 딸의 이 말은 이번 일뿐 아니라 지금까지 어머니에게 느껴 왔던 감정이 담겨 있는 메시지였을지도 모른다.

'엄마 때문에 내가 이렇게 돼버렸다'는 딸의 말 뒤에는 '부모님이 자신을 사랑해 주지 않았다'는 분노의 감정이 존재하고 있었던 것이 아닐까? '엄마에게 좀 더 어리광부리고 싶었다', '응석부리고 싶었다'와 같은 마음이 딸의 '돈 좀 빌려줘'라는 말에 담겨 있었던 것은 아닐까?

### 이렇게 해보자

성인이 된 자녀에게 돈을 빌려주는 일은 그 액수에 따라 다르긴 하겠지만 결코 좋은 일은 아니다.

일단은 제대로 딸과 마주하고 현재 사정이 어떤지 들어주는 일이 중요하다.

이때 언니와 동생의 틈바구니에서 둘째 딸이 속상했겠다 싶은 일이 있다면 어머니가 직접 '미안하다'고 사과할 수 있는 용기도 필요하다.

부모는 항상 자신의 말과 행동이 올바르고 자녀는 틀렸다고 생각하기 십상이다. 따라서 '자식에게 사과하고 싶지 않다'는 마음은 충분히 이해가 된다. 하지만 딸이 맞고 자신이 틀렸을지도 모른다는 생각이 조금이라도 든다면 솔직하게 사과하도록 하자.

그러면 '엄마가 내 기분을 이해해 주고 사과도 해줬다'는 생각에 딸의 마음속에 맺혀 있던 과거의 응어리가 풀린다. 그리고 두 사람은 좋은 관계를 다시 구축할 수 있다.

 인간관계에 빨간 신호등이 켜질 때

**이직을 반복하던 아들이 결국 방 안에 틀어박혀 나오질 않는다**

육십 대인 D 씨의 아들은 외동으로 현재 서른세 살이다. 어렸을 때부터 순하고 부모 말도 잘 듣는 아이였다. 친구는 그리 많은 편이 아니었다. 순한 성격 탓에 중학교 때 왕따를 당해 등교 거부를 했던 적도 있지만, 잠깐 그러다 다시 학교에 다니기 시작했다.

취직난 시대다 보니 대학을 졸업한 후, 작은 제조업체에 겨우 들어갔다. 하지만 영업직이 적성에 맞지 않는 데다 할당량도 빡빡해서 일 년 만에 퇴직하고 말았다. 그 후로도 비정규직을 포함해 여러 회사에 '들어가고는 그만두는' 일을 반복했다.

"회사를 그만둘 때마다 잘 다독여서 구직활동을 하게 했어요. 근데 몇 번 좌절한 후부터 집에 틀어박혀 있으려는 낌새가 보이기 시작했어요." D 씨는 이렇게 회상한다.

지금 D 씨의 아들은 방문을 걸어 잠근 채 낮에는 밖으로 나오지 않고 부모님이 잠자리에 들면 살며시 일어나 밥을 먹거나 무언가를 사러 편의점에 간다. 대화를 시도하면 그 즉시 방으로 들어가 문을 걸어 잠근다고 한다.

이런 생활이 벌써 일 년 이상 지속되고 있다는 D 씨. "우리도 이제는 연금을 타서 생활해야 하는데. 무엇보다 아들의 장래가 걱정이에요"라며 고민하고 있다.

### 🔍 왜 이런 일이 생겼을까?

요즘 성인 은둔형 외톨이가 늘고 있다. 매스컴에서 이 문제를 보도하는 일도 많아졌다. 성인 은둔형 외톨이 중에는 특히 남성의 비중이 높다.

일본 후생노동성의 조사에 따르면 20세부터 49세까지의 성인 중 은둔형 외톨이를 경험해 본 사람은 11.8%였다. 약 열 명 중 한 명 꼴로 집 안에 틀어박혀 산 경험이 있다는 말이니 그 높은 수치에 놀라지 않을 수 없다. 그리고 지금 일본에는 성인이 된 후에도 집에 틀어박혀 사는 자식을 어떻게 대하면 좋을지 몰라 고민하는 부모들이 매우 많다.

그렇다면 그들은 대체 무슨 일 때문에 은둔형 외톨이가 됐을까? D 씨 아들의 사례를 통해 생각해 보고자 한다.

일단 D 씨의 아들은 어렸을 때부터 순하고 부모님 말씀도 잘 듣는 아이였다고 한다. '순한 아이'였기에 반항기도 없었을지 모른다. 하지만 바로 이 '순함'이 이십 대부터 D 씨 아들을 괴롭혀 온 것은 아닐까? 순한 아들로 사는 일이 답답하고, 좋은 아들을 연기하는 데 지쳤지만, 차마 부모님에게 그런 사실을 털어놓지 못해 꾹 참고 살았던 것이다.

부모님으로부터 자립해서 혼자 살아가고 싶은 마음도 있다. 하지만 아들의 마음속에는 일이 잘 안 풀리면 부모님이 언제든지 도와준다, 믿을 수 있는 건 부모님밖에 없다는 어리광이 있는지도 모른다. 그리고 일을 해봐도 잘 풀리지 않자 '나는 뭘 해도 안 되는 인간이야'라며 자기긍정감이 떨어진 상태인 것이다.

어떻게 하면 은둔형 외톨이에서 벗어날 수 있을까?

만약 얼굴 보기가 힘든 상태라면 편지를 써서 식탁 위에 놓아두는 방법을 시도해 보자.

편지에 '너는 우리에게 소중한 아들이다. 무슨 일이 있어도 부모인 우리는 네 편이다. 고민이 있으면 혼자 끙끙 앓지 말고 이야기해 달라'는 메시지를 담아 보기를 바란다.

대화할 기회가 생긴다면 아들을 키우면서 기쁘고 힘이 됐던 일 등에 대해 이야기하도록 하자.

그래도 사태가 호전되지 않는다면 은둔형 외톨이 본인과 그 가족을 지원하는 행정기관이나 민간단체 등에 상담하는 것을 추천한다. 혼자서 고민해서 해결되지 않는다면 외부기관과 연결해 나가는 일도 중요하다.

# 아이들에게 자기 인생을
# 살아가는 모습을 보여 주자

아이가 고등학교를 졸업하고 취직하거나 대학에 들어가면 대부분의 어머니의 나이는 사십 대 후반에서 오십 대 초반쯤 된다. 아이를 어느 정도 키웠다는 생각에 안도감도 느껴지리라. 하지만 성인이 된 후에도 문제를 안고 사는 자식이 있다면 마음 편할 날이 없다.

나아가 앞의 사례에서도 소개했듯 성인이 된 자녀의 결혼이나 취직 문제를 부모 마음대로 하려다 어머니와 자식이 대립하는 경우도 있다. 자기 배 아파가며 낳고 소중하게 애정을 쏟아 가며 키웠는데 왜 자식과의 관계가 잘 풀리지 않는 걸까? 어머니들은 고민한다.

성인이 된 자녀와의 관계성에서는 **어떻게 아이가 혼자 자립해서 살아갈 수 있을지를 생각하는** 일이 중요하다.

과거로 다시 돌아갈 수는 없다. 지금을 살아갈 수밖에

없다. 따라서 중년 여성에게는 자식은 자식, 나는 나라는 사실을 받아들이고 살아가는 일 또한 중요하다.

　　어머니가 인생 후반부를 자기 자신답게 알차게 살아가는 모습을 보여 주는 일이야말로 문제를 안고 있는 자녀에게 줄 수 있는 가장 큰 가르침이 아닐까?

제5장

형제자매와의 관계

- 부모도, 친구도 아닌 기울어진 관계 -

# 형제자매는 인생에서
# 가장 오랫동안 지속되는 관계다

당신에게는 몇 명의 형제자매가 있는가? 중년이 된 지금도 형제자매와 교류하며 사이좋게 지내는가? 아니면 언제부턴가 관계가 소원해져서 지금은 교류조차 하지 않는가?

형제자매 관계는 인생에서 가장 오랫동안 지속되는 인간관계다. 학창 시절 친구나 회사 사람은 사이가 안 좋아지면 연락을 끊으면 된다. 하지만 형제자매와의 관계는 그리 쉽게 끊을 수도 없다.

오랫동안 소원하게 지내다가도 부모님을 보살피는 문제나 부모님이 돌아가신 후 상속 문제 등이 발생하면 좋든 싫든 직접 얼굴을 마주보고 이야기해야 한다.

다시 말해 **형제자매와의 관계는 중년기 이후에도 절대 피해 갈 수 없는 인간관계다.**

## 형제자매 관계는 기울어진 관계

———

한 명의 여성이 일생 동안 낳는 자녀의 수를 '합계 특수 출생률'이라 부른다. 지금의 중년 여성들이 태어나고 자란 1970년에는 그 수치가 2.13이었다. 하지만 최근에 들어서는 계속 하락하더니 2018년에는 1.42를 기록하기에 이르렀다. 이는 선진국 중에서도 매우 낮은 수치로, 이런 저출산 문제는 고령화가 진행 중인 일본에서 크나큰 사회적 문제로 대두되고 있다.

이 수치상으로 보면 대부분의 중년 여성에게는 두 명에서 세 명 정도의 형제자매가 있을 것으로 여겨진다.

심리학에서 부모 자식 관계는 상하 관계를 의미하는 '종적 관계', 같은 연령의 친구 관계는 '횡적 관계', 그리고 형제자매 관계는 '기울어진 관계'라고 부른다.

이렇듯 기울어진 관계라 불리는 형제자매 관계는 형제의 수, 성별, 출생 순위, 나이 차 등의 관점에서 주로 그들의 어린 시절을 중심으로 한 연구가 많았다. 그런 연구를 통해 형제자매가 두 명인 경우 다음과 같은 특징이 있다는 사실이 밝혀졌다. 당신의 형제자매 관계는 어디에 해당되는가?

① 보호·의존 관계

'공부를 가르쳐 준다(가르쳐 줬다)', '무슨 일이 생기면 의지한다'와 같이 형제자매 중 한쪽이 다른 한쪽을 도와주거나 보호해 주는 관계다. **오빠와 여동생, 누나와 남동생 관계에서 많이 볼 수 있다.**

② 대립 관계

'자주 다툰다', '괴롭힌다/괴롭힘을 당한다'와 같은 대립관계로 때로는 한쪽 형제자매를 향한 원한이 생겨나기도 한다. **형과 남동생 관계에서 많이 볼 수 있다.**

③ 공존 관계

'항상 같이 논다', '함께 등교한다'와 같이 행동을 함께하는 관계로 형제자매가 대등하게 지내는 경우다. **언니와 여동생 관계에서 많이 볼 수 있다.**

④ 분리 관계

'함께 있어도 대화를 나누지 않는다', '서로의 일에 간섭하지 않는다'와 같이 서로 엮이는 일이 별로 없는 관계다. **나이 차가 많은 형제자매 관계에서 많이 볼 수 있다.**

또 여러분 중에는 세 명의 형제자매 중 중간인 사람도 있지 않을까? 심리학에서는 이런 사람을 '**중간자**中間子'라고 부른다. 중간자는 어렸을 때부터 위아래 형제자매 사이에 끼어 힘들게 자랐을 가능성이 많다.

어머니에게는 '언니는 잘하는데 왜 너는 이런 문제도 못 푸니?', '엄마 지금 바쁘니까 동생 좀 돌봐 줘라' 같은 말을 듣기도 하고, 어머니에게 어리광을 부리고 싶어도 그러지 못해 외로움을 느끼며 자란 사람도 있을지 모른다.

또 중간자 중에는 어머니에게 인정받기 위해 자기주장을 하거나, 칭찬받기 위해 열심히 공부해서 자기를 어필하는 등 어렸을 때부터 노력파에 개성적인 사람이 많다.

# 성인이 된 형제자매 연구를 통해
# 알 수 있는 점

어린 시절 각 형제자매들에게서 볼 수 있었던 특징은 성인이 된 이후 형제자매 관계에 있어서도 변함없이 그대로일까? 아니면 어린 시절의 관계와는 다른 양상을 보일까?

나는 2018년 '중년 여성의 형제자매 관계와 어머니와의 관계'에 대해 인터넷 앙케트 조사를 실시해서 40세부터 69세까지의 중년 여성 393명(평균 연령 53.9세)으로부터 답변을 받았다.

이 조사에서는 성인이 된 후 형제자매 관계가 어떤지, 어머니와의 관계가 그 관계성에 영향을 미치는지 등에 대해 알아봤다.

다음 페이지에 있는 스물두 가지 질문은 실제 조사 때 쓴 항목이다. 아무쪼록 여러분도 한번 체크해 보길 바란다.

## 중년 여성의 형제자매 관계 체크 표

**I 형제자매간 '분리' 항목**

☐ A와 단둘이 있으면 화젯거리가 없어 난처하다.

☐ A를 대하기 어렵다.

☐ A와는 함께 있어도 대화를 하지 않는다.

☐ A와 이야기할 때는 조심스럽다.

☐ A에게 관심이 없다.

☐ A와의 대화는 즐겁다(역전).

☐ A와는 엮일 일이 별로 없다.

☐ A에게 개인적인 이야기는 하지 않는다.

☐ A에게 내 기분을 들키고 싶지 않다.

☐ A의 인간관계에는 관심이 없다.

**II 형제자매간 '공존' 항목**

☐ A와는 친구 같은 관계다.

☐ 생일에 선물을 주고받는다.

☐ A와 어린 시절 이야기를 한다.

☐ A와 함께 쇼핑을 가거나 밥을 먹으러 간다.

☐ 문자나 전화 등으로 서로의 근황을 보고한다.

**III 형제자매간 '상담·의존' 항목**

☐ A에게 고민을 상담한다.

☐ 곤란한 일이 생기면 A에게 의견을 묻는다.

☐ A에게는 다른 가족들에게 이야기하지 못할 고민도 상담한다.

☐ A는 무슨 일이 있을 때 의지할 수 있는 존재다.

**IV 형제자매간 '말다툼' 항목**

☐ A와 사소한 일로 언쟁한다.

☐ A와 말다툼한다.

☐ A 때문에 화가 날 때가 있다.

---

I에서 IV 중 체크가 많은 항목이 당신과 형제자매와의 관계성을 나타낸다.

## 남매는 소원해지고
## 자매는 하고 싶은 말을 서로 한다

———

다음으로, 형제자매가 두 명일 때는 오빠와 나, 나와 남동생, 언니와 나, 나와 여동생의 네 가지 조합으로 나눌 수 있는데, 각 조합의 경우 앞에서 설명한 네 가지 중 어느 관계성이 가장 특징적으로 나타나는지 살펴봤다.

그 결과 **오빠가 있는 중년 여성에게는 '분리'의 특징을 볼 수 있었다. 즉 중년 여성의 경우 오빠와 소원해지고 별로 관계를 맺지 않는 경향을 보인다**는 사실을 알 수 있었다.

중년쯤 되면 둘 다 결혼해서 가정을 꾸리는 일이 많다. 그리고 그 결과 양쪽 모두에게 배우자가 생긴다. 이 배우자의 의견 또한 형제자매 관계에 영향을 미칠 것으로 추측된다.

과거에 오빠는 여동생을 보호하고 여동생은 오빠에게 의지하는 관계였다 할지라도 중년이 되어 각자에게 가족이 생기면 서로 의견이 맞지 않거나 여동생에게 더는 오빠에게 신세지면 안 된다는 마음이 생겨나 '분리' 관계가 강화되는 것은 아닐까 생각된다.

반면 **여동생이나 언니가 있는 중년 여성에서는 '공존'과 '상담·의존', '말다툼' 등의 특징을 많이 볼 수 있었다.**

결과적으로 자매의 경우 난처한 일이나 걱정거리가 있을 때 상담할 수 있는 친구 같은 관계면서도 '말다툼'도 많이 한다는 사실을 알 수 있었다. 다시 말해 **중년이 된 자매의 관계성은 친밀하면서도 하고 싶은 말은 서로 하는 모순된 관계성**이라 할 수 있다.

### 🚨 인간관계에 빨간 신호등이 켜질 때

**사이가 안 좋아진 자매**

A 씨에게는 세 살 터울의 여동생이 있다. A 씨는 쉰세 살, 여동생은 쉰 살이다.

A 씨는 남편이 젊었을 때 해외에 나가 경영학을 공부하고 자격을 취득하는 데 돈이 많이 들어 아이 둘을 키우는 생활이 결코 순탄하지만은 않았다. 결혼식을 올릴 돈도 없었다고 한다.

하지만 귀국 후 남편은 착실히 실력을 쌓아 자기 회사를 차리고 지금은 세계 여러 곳에 사무실을 둔 회사의 경영자가 됐다. 덕분에 A 씨도 돈 때문에 고생할 일이 없다. 오히려 이제는 세금 대책으로 적극적으로 기부 활동을 할 정도라고 한다.

그러다 이 년 전쯤 아버지에 이어 어머니도 돌아가시며

유산 상속 문제가 불거졌다. 원래 형제자매가 둘이면 부모의 유산을 똑같이 나누어 가지게 된다. 그런데 여동생이 '언니는 돈 때문에 힘들 일도 없다. 반면 자신은 지극히 평범한 샐러리맨과 결혼했고 아직 아이들한테 교육비도 많이 들어가서 힘들다. 그러니 언니가 부모님 재산 상속을 포기하고 처지가 힘든 자신에게 양보해 줬으면 좋겠다'는 말을 꺼낸 것이다.

이에 격노한 A 씨는 '그럴 수는 없다. 부모님 재산은 평등하게 나눠 받을 수 있는 돈'이라고 주장했다. 결국 두 사람은 법정에서 다투는 지경에 이르렀다.

### 🔍 왜 이런 일이 생겼을까?

부모님이 돌아가신 후 상속을 둘러싼 자매간의 분쟁이 벌어진 사례다. 어렸을 때는 사이좋게 소꿉놀이도 하고, 함께 밥을 먹고, 부모님께 똑같이 용돈을 타고, 가끔은 사소한 일로 다투기도 했지만 사이좋게 자랐는데 성인이 되고 나니 어느샌가 생활 수준이 달라져 버렸다. 부모님이 돌아가시고 나서야 직면하게 된 현실 때문에 둘 사이에는 균열이 생기기 시작했다.

이를 통해 **자매의 관계성은 결혼한 상대의 재정 상황,**

나아가 장래에 대한 불안과 연관이 있다는 사실을 알 수 있다.

앞선 내 연구를 통해 **중년 자매의 경우 '공존'과 '상담·의존'이라는 긍정적인 측면과 '말다툼'이라는 부정적인 측면이 둘의 관계성에 영향을 미친다는** 사실이 드러났었다.

어렸을 때 쌓은, 아무 거리낌 없이 하고 싶은 말을 다 하는 관계성이 어른이 되면 말다툼으로 발전해 나간다.

성인이 된 자매가 다투는 또 다른 원인은 어렸을 때부터 두 사람을 대하는 부모님의 태도가 달랐기 때문은 아닐까?

아버지와 어머니가 자기 혹은 언니(여동생) 중 한 사람만 좋아하면 나머지 한 사람은 자신이 사랑받지 못한다는 사실을 민감하게 느끼며 자라난다. 부모님이 살아 계시는 동안은 이런 '편애'를 가슴속에 봉인해 둔다. 하지만 부모님이 돌아가시는 순간 편애를 당했다는 분노가 한꺼번에 분출되기 시작한다. 어쩌면 유산을 상속받아서 그 기분을 메꾸어 보려는 것인지도 모른다.

### 🗨 이렇게 해보자

법정 다툼으로까지 번졌다니 안타까운 노릇이다. 아마 이

일 때문에 스트레스도 많이 받았으리라. 사이가 좋았던 자매라면 더욱이.

그 문제를 해결하기 위해 거리낌 없던 예전의 관계성은 두 사람이 각자 가정을 갖게 된 시점에서 '변화'할 필요가 있다는 것을 재인식해야 한다.

그렇다면 어떻게 변화해 나가야 할까? 바로 '거리낌 없는'에서 '거리낌 있는' 관계성으로 바꾸어 나가야 한다.

상속은 모든 자녀에게 평등하게 이루어진다. 따라서 아무리 언니가 부자가 됐다고 해도 상속을 포기해 달라는 말은 염치없는 요구자 애당초 말도 안 되는 소리다.

하지만 이때는 하고 싶은 말이 있어도 입 밖에 내지 않고 배려하는 마음이 중요하다. 재판이나 합의로 해결할 수밖에 없다는 생각에 그 방법을 선택한다면 두 사람의 관계성은 평생 악화된 채 끝나고 말 것이다.

형제자매 관계는 그 어떤 인간관계보다 오래 지속된다. 따라서 관계성이 악화된 채 살아야 한다면 인생의 쓰디쓴 추억이 되고 무슨 일이 있을 때마다 머릿속에 떠오를 것이다. 그리고 이 슬픈 사건은 두 사람 모두에게 마음의 짐으로 작용하게 될 것이 틀림없다.

이 문제를 해결하기 위해서는 둘이서만 이야기하지 말고 삼촌이나 고모 등 제삼자에게 중재자 역할을 부탁하는 것도 좋은 방법이다. 단 두 사람의 배우자는 이 사건에 개입하지 않는 편이 좋다. 아무래도 배우자는 자기 아내 편을 들게 되므로 냉정한 판단을 내리지 못할 것이기 때문이다.

# 유아기 어머니와의 관계가 성인이 된 후의 형제자매 관계에도 영향을 미친다

앞에서 말한 인터넷 앙케트 조사 때 어머니가 유소년기 자녀에게 보여 준 태도가 중년기에 들어선 형제자매의 관계성에 어떠한 영향을 미치는가 질문해 봤다.

어머니가 자녀를 대하는 태도의 경우 '어머니에게 상처가 되는 말을 들을 때가 있다(들은 적이 있다)', '어머니와 의견이 대립할 때가 있다(대립한 적이 있다)', '어머니와 말다툼을 할 때가 있다' 등의 부정적 감정 항목을 '**어머니를 향한 혐오감과 대립 감정**'으로 간주했다.

한편 '걱정거리가 있으면 어머니에게 먼저 상담한다(상담했다)', '어머니는 내 마음을 지탱해 준다' 등의 긍정적 감정 항목을 '**어머니를 향한 의존 감정**'으로 봤다.

자식들에게는 자신의 부모를 향한 부정적인 의식도 있지만 곤란에 처했을 때는 기대고 싶은 모순되는 의식이 존재한다. 이는 어머니를 향한 긍정적인 감정과 부정적인 감정이라는 두 가지 극단적인 감정이 혼재된 복잡한 감정이라할 수 있다. 심리학에서는 이런 모순된 감정을 '상반된 감정'이라 부른다.

이에 긍정적인 감정과 부정적인 감정, 그리고 상반된 감정이 형제자매의 관계성과 어떤 연관이 있는지도 검토해 보기로 했다. 그 결과 흥미로운 점을 발견할 수 있었다. 어머니에게 상반된 감정을 느끼는 중년 여성은 형제자매에게도 상반된 감정을 품는다는 사실이다.

다시 말해 어머니를 향한 좋다, 싫다의 모순되는 감정이 강한 중년 여성은 형제자매에게도 '분리', '말다툼'과 같은 부정적인 감정과 '공존', '상담·의존'과 같은 긍정적인 감정을 동시에 품는다는 사실을 알 수 있었다.

## 어머니의 무의식적인 편애가
## 형제자매 사이에 갈등의 골을 만든다
—

이 결과를 어떻게 이해하면 좋을까? 자식이라면 누구나 어린 시절 어머니에게 사랑받고 싶어 하고 자신이 가장 소중하다는 말을 듣고 싶어 한다. 하지만 어머니들은 자기가 낳은 아이들 중 한 명만 무턱대고 예뻐하고 다른 아이에게는 다소 차갑게 굴 때가 있다.

이른바 '편애'다. 그러면 사랑받지 못하는 아이는 더욱더 어머니에게 관심받고 싶어 하고 사랑한다는 말을 듣고 싶어 한다. 동시에 어머니를 향한 반발심 또한 키워 간다.

어머니의 편애를 받는 형제자매에게 질투심을 품기도 한다.

어머니를 사랑하지만 자신을 소중하게 대해 주지 않는 것에 대한 원망과도 같은 감정, 다시 말해 상반되는 감정을 강하게 품게 된다.

어쩌면 수십 년이 지나 중년이 된 이후에도 이 감정에 매몰돼 있는 건지도 모른다.

그렇기에 자신의 형제자매를 좋아하면서도 왠지 모르게 마음 한구석에 어머니에게 더 사랑받았던 그들을 부러워하고 시기하는 상반된 감정을 품는 것이다.

### ☆ 인간관계에 빨간 신호등이 켜질 때

#### 중년이 된 지금까지도 여동생을 좋아할 수 없다

마흔여덟 살인 B 씨의 어머니는 두 살 아래인 여동생만 예뻐했다. 맏딸이라는 이유로 B 씨에게는 호된 말만 늘어놓는 어머니 탓에 중학생 때는 한동안 학교 가기를 거부했을 정도였다고 한다. 그래서 고등학교는 일부러 집에서 통학할 수 없는 지방 사립고를 선택해서 기숙사 생활을 했다는 B 씨. 그 후 대학에 가고 사회인이 된 후에도 집에는 돌아가지 않았다.

"대학생 때는 아르바이트가 바쁘다는 핑계를 대고 설날에도 집에 가지 않았어요. 아버지가 걱정되셨는지 찾아와 주시기도 했지만……." B 씨는 눈물을 흘리며 힘들었던 자신의 과거에 대해 이야기했다.

B 씨는 스물일곱 살에, 동생은 스물아홉 살에 결혼했고, 두 사람 모두 서른 살에 아이를 낳아 부모가 됐다. 그 후 아버지가 돌아가시고, 팔십 대에 들어선 어머니는 여동생 집 근처에서 혼자 생활하신다고 한다.

B 씨는 말한다. "잘못은 엄마가 했다는 건 저도 알아요. 하지만 여전히 동생을 용서할 수가 없어요. 그러다 보니 동생을 만나도 남하고 이야기하는 듯한 대화밖에 할 수가 없어요."

### 왜 이런 일이 생겼을까?

모든 아이는 태어날 때부터 어머니에게 사랑받고 싶어 한다.

그런데 B 씨는 어머니가 자신을 싫어한다고 믿고 줄곧

외로움을 느끼며 인생을 살아온 듯하다. 반면 자신과는 다르게 어머니에게 사랑받으며 자란 동생은 얄밉게 느껴졌다. 동생이 싫은 것도 당연하다.

B 씨가 중학생 시절 한때 학교 가기를 거부했던 이유도 '엄마가 나를 좀 더 걱정해 줬으면 좋겠다, 나는 엄마가 너무 좋다'와 같은 자신의 마음의 목소리를 어머니가 깨달아 주기를 바라서였으리라.

하지만 어머니는 B 씨의 마음의 목소리를 알아채지 못했다. 그 후 B 씨는 이제 더는 이곳에 내가 있을 자리는 없다는 생각에 집을 나와 버렸다.

왜 B 씨의 어머니는 맏딸을 예뻐해 주지 않았을까? 왜 엄하게 키워야만 했을까?

어쩌면 어릴 적 자신과 꼭 닮은 딸을 보고 있기 힘들어서, 자신과 꼭 닮은 성격이 싫어서였을지도 모른다. 자신의 어린 시절을 보는 것만 같아 싫어서 맏딸을 계속 거부했을 가능성도 생각해 볼 수 있다.

앞에서 어머니에게 좋다, 싫다의 모순된 감정, 다시 말해 상반된 감정을 강하게 느끼는 사람은 형제자매에게도 상반된 감정을 품는 경향이 있다고 설명했는데, 그야말로 이런 연구 결과를 그대로 뒷받침해 주는 사례라 할 수 있다.

그렇다면 B 씨는 앞으로 여동생을 어떻게 대하면 좋을까?

두 사람은 단 둘뿐인 자매다. 그리고 인생 100세 시대를 맞이해서 두 사람 앞에는 기나긴 인생이 기다리고 있다.

B 씨는 동생과 남하고 이야기하는 듯한 대화밖에 할 수 없는 상황을 타개하고 싶기에 고민하는 것이라 생각한다. 이렇게 고민을 털어놓는 이유는 어떻게든 해결해 보고 싶다는 의지가 있기 때문이다.

한 번쯤 동생과 단둘이 만나 이야기를 나누어 보면 어떨까? 자신이 오랜 세월 친정과 소원하게 지낼 수밖에 없었던 이유를 털어놓을 수 있는 용기를 내보도록 하자.

말로 하기 어렵다면 편지나 메일도 좋다. 그러면 사실 동생 또한 어머니가 자신을 대하는 태도가 줄곧 부담스러웠다는 이야기를 꺼내 놓을지도 모른다.

동생에게도 B 씨는 단 하나뿐인 언니다.

그리고 B 씨에게도 자녀가 있다고 하니 자신의 아이 또한 자신처럼 힘들어하고 있지는 않은지 다시 한번 생각해 보는 일도 중요하지 않을까?

**돈 문제로 오빠와 소원해졌다**

오십 대인 C 씨에게는 두 살 터울의 오빠가 있다. 어렸을 때는 자주 싸우기도 했지만 기본적으로 사이좋은 남매였다고 한다.

두 사람 모두 가정을 꾸렸지만, C 씨는 남편과 성격이 맞지 않아 열 살인 딸을 데리고 이혼하고 말았다. 이혼 후 취직해서 성실히 일하며 생활을 꾸려가던 중 이사에 주택 대출 상환 등이 겹쳐 돈이 부족해진 C 씨. 자영업을 하시는 부모님도 경제적으로는 빠듯한 상태였다.

이에 오빠에게 한 달만이라도 생활비를 지원해 줄 수 없는지 부탁했다가 딱 잘라 거절당했다고 한다. C 씨가 이혼할 당시 오빠는 아이를 데리고 이혼하는 데 반대했었기 때문이다. 결국 C 씨는 고금리의 카드 대출을 받았고, 몇 년에 걸쳐 생활비를 줄여 가며 그 고비를 넘겼다고 한다.

C 씨는 말한다. "'내가 인생에서 제일 힘들 때 아무것도 도와주지 않은 오빠', 머릿속에 이 생각이 남아 있어서 십 년이 지난 지금도 도저히 용서가 안 돼요. 설날 같은 때 친정에 갔다가 마주쳐도 말 한마디 안 해요. 남편(나중에 C 씨는 재혼했다)과 새언니가 걱정할 정도예요. 오빠랑 사이가 안 좋아도 아

무런 지장은 없어요. 하지만 앞으로 부모님을 보살펴 드려야
할 수도 있는데 그게 걱정이에요."

### 🔍 왜 이런 일이 생겼을까?

부모님 품을 벗어나 자립해서 각자 자신의 가정을 꾸린 지
금 인생을 되돌아보면 두 남매에게는 여러 가지 사건들이
있었을 것이다. 특히 아이를 데리고 이혼한 후 금전적인 어
려움까지 겪은 C 씨는 많이 힘들었을 것이 틀림없다. 그런데
오빠마저 동생의 기분을 헤아려 주지 못하고 가장 힘들 때
냉담하게 내쳤으니 C 씨가 오빠에게 좋지 않은 감정을 품는
것도 당연하다.

　앞에서도 이야기했듯, 원래 성인이 된 남매의 관계성에
서는 '분리' 관계가 강화되는 경우가 많다는 사실이 심리학
연구를 통해서도 밝혀졌다.

　과거에 오빠는 여동생을 보호하고 여동생은 오빠에게
의지하는 관계였다 할지라도 중년이 되어 각자에게 가족이
생기면 서로 의견이 맞지 않거나 여동생에게 더는 오빠에게
신세지면 안 된다는 마음이 생겨나 **'분리' 관계가 한층 더 강
화되는 것이다.**

　따라서 C 씨와 오빠와의 관계가 분리 및 소원한 관계라

는 점은 이해할 수 있다.

　다만 C 씨는 오빠와의 관계성은 지금 이대로도 상관없지만, 앞으로 부모님을 보살펴 드려야 하는 상황이 됐을 때 오빠와 어떻게 지내야 할지 고민이라는 것이다.

### 이렇게 해보자

C 씨가 좋은 상대를 만나 재혼했다니 정말 다행이다. 그러나 과거에 이혼한 경험이나 오빠에게 금전적인 도움을 요청했다가 냉담하게 거절당한 일을 계속 마음에 담고 산다면 정신적으로 좋을 리가 없다.

　따라서 '그때 힘든 경험이 있었기에 지금의 행복을 손에 쥘 수 있었다', 이렇게 관점을 바꿔 생각해 보면 어떨까? 누구의 도움도 받지 않고 힘든 과거를 극복하고 새로운 배우자를 만나 행복하게 생활하는 자신을 자랑스럽게 여기길 바란다. 그리고 기회가 된다면 오빠에게도 그 사실을 알려 주도록 하자.

　C 씨의 재혼 상대는 C 씨의 부모님은 물론 오빠와의 관계도 걱정해 주는 상냥한 남성인 듯하다. 만약 부모님을 보살펴 드려야 하는 문제 등이 발생한다면 남편에게 중재를 부탁해서 냉정하게 대처해 나가는 편이 좋다.

인간관계에 빨간 신호등이 켜질 때

## 도저히 자립하지 못할 것 같은 동생 때문에 고민이다

마흔여덟 살인 D 씨에게는 한 살 터울의 여동생이 있다. 나이가 한 살 차이밖에 안 나다 보니 마치 쌍둥이처럼 사이좋게 지냈다. 동생은 무엇이든 이야기할 수 있는 가까운 사이이기도 했다.

그런데 동생이 이십 대 때 연애 문제 때문에 우울증에 걸리고 말았다. 다행히 우울증 증상은 이후 사라졌지만, 꾸준히 일을 하지 못하고 결혼도 하려고 들지 않았다. 동생은 아무 일도 하지 않은 채 집에 틀어박혀 살기 시작했다. 어렸을 때는 잘 웃고 활발한 아이였는데, 지금은 거의 웃지도 않고 자신의 껍데기 안에 틀어박혀 있는 상태라고 한다.

나이 드신 부모님은 D 씨에게 '집과 땅을 다 줄 테니 동생을 보살펴 달라'고 부탁하지만, D 씨는 말을 걸어 봐도 예전과는 완전히 달라져 버린 여동생이 '마치 딴사람 같다'고 이야기한다. 앞으로 정신적인 측면에서 동생과 잘 지낼 수 있을지 걱정이라고 한다.

### 왜 이런 일이 생겼을까?

사이좋게 지내던 여동생이 우울증에 걸려 집에 틀어박혀 있다니 정말 걱정이 되리라 생각된다.

　우울증이 발생하는 원인은 사람마다 다르다. 동생의 경우 연애 문제 때문에 우울증에 걸렸다고 했지만, 어쩌면 그 이전부터 부모 자식 관계 등 다른 고민이 있었을지도 모른다.

　**우울증에 걸리기 쉬운 사람을 보면 성실하고 상냥한 사람이 많다. 그들은 무슨 일이든 열심히 하는 노력파다.**

　동생 또한 D 씨와 사이는 좋았지만, 사실 어머니에게 항상 '언니를 본받아라' 하고 비교당하며 자랐을지도 모른다. 그렇기 때문에 성실하게 노력하며 살아왔지만 이성 관계에서도 실패하자 '모든 것이 다 싫다. 그냥 집에 틀어박혀 살자'고 마음먹은 것인지도 모른다. 또는 동생이 조그마한 좌절에도 쉽게 상처받는 성격일 수도 있다.

### 💬 이렇게 해보자

이렇듯 가족 중에 우울증을 앓는 사람이 있으면 정말 힘들다. 예전처럼 밝고 건강해지길 바라는 마음에 '**우리 힘내 보자**', '**힘내**'라는 말을 건네기 십상이지만, 이는 절대 해서는 **안 될 금지어다.**

　'지금까지 얼마나 노력해 왔는데! 이제 더는 힘낼 수 없어······.' 본인은 이런 심정이기 때문이다.

따라서 어디까지나 자연스럽게 동생을 대해 주길 바란다.

되도록 즐거운 화제, 예를 들어 재미있었던 책 이야기나 예전에 같이 쇼핑하러 갔다가 점심 먹으러 들렀던 맛있는 가게 이야기 등 아주 평범하고 아무 상관없는 화제라도 좋으니 꾸준히 접촉하도록 하자.

시간은 좀 걸릴 수 있지만, 의지했던 언니가 옆에 있다는 안도감이 생기면 동생의 증상도 조금씩 나아질 것이다.

# 과거에 얽매이지 말고
# 새로운 관계를 모색하자

앞에서도 이야기했듯 형제자매 관계는 부모 자식 관계보다 더 오래 지속된다. 그리고 중년쯤 되면 각자가 가정을 꾸리고 부모님의 사망으로 상속 문제가 발생하는 등 가족 상황이 변화하고, 이와 더불어 형제자매 관계도 변화한다.

재판까지 가야 할 정도로 어긋나 버린 자매, 도움을 받고 싶었던 오빠에게 냉담한 대접을 받은 여동생의 이야기를 통해 중년기 형제자매의 관계성이 매우 복잡하고, 그때까지 부모가 자식을 어떻게 대해 왔는지가 그 관계에 큰 영향을 미친다는 사실을 알 수 있었다.

따라서 중년기의 형제자매 관계는 어린 시절의 관계에 얽매이지 말고 지금 각자가 놓인 상황을 출발점 삼아 새로운 관계성을 찾아 나가야 한다는 점을 유념하길 바란다.

제6장

# 직장 동료와의 관계

- 다양한 세대가 얽혀 있는 복잡한 관계 -

# 변화된 여성의
# 근무 형태

2019년 6월 일본 여성의 취업자 수는 3003만 명으로, 전년 동월 대비 53만 명 증가해서 처음으로 3000만 명을 돌파했다. 또 취업자 전체에서 여성이 차지하는 비율 또한 44.5%까지 상승해서 과거 최고 수치를 기록했다.

『남녀 공동 참여 백서 2019년판』(일본 내각부)의 '여성이 직업을 갖는 것에 대한 의식 변화'(1992년~2016년)를 살펴보면 '아이가 생긴 후에도 계속 직장을 다니는 편이 좋다'고 생각하는 비율이 남성, 여성 모두에서 뚜렷한 증가세를 보였다. 특히 남성의 경우 1992년에는 19.8%였는데 2016년에는 52.9%를 기록해서 50% 이상의 남성이 이 사고방식을 지지한다는 사실을 알 수 있었다. 다시 말해 여성이 직업을 갖는 것에 대한 남성의 의식이 서서히 변화하고 있다고 할 수 있다.

여성이 사회와 접점을 가지고 일하는 것은 경제사회를 뒷받침한다는 의미에서뿐 아니라 개인의 삶의 보람을 뒷받침한다는 의미에서도 앞으로 더욱 중요해질 것이다. 하지만 이와 더불어 직장 내 다양한 인간관계가 얽히고설켜 때로는 여성들을 골치 아프게 만들기도 한다는 뜻이 된다.

## 각 세대의 시대적 배경이 다르다는 점을 인식하자
—

회사 간부들이 곧잘 "요즘 젊은이들은 무슨 생각을 하는지 도대체 알 수가 없어"라며 한탄한다. 한편 젊은이들은 젊은이들대로 "회사 간부들은 고지식하고 사고방식이 진부해! 말이 안 통해!" 하며 화를 낸다.

당신이 사십 대 후반에서 오십 대 후반이라면 입사한 지 얼마 안 된 사원과는 스무 살에서 서른 살 정도 나이 차가 난다. 자라온 시대적 배경이 많이 다르니 서로가 서로를 이해할 수 없는 것도 당연하다.

특히 중년 세대와 밀레니얼 세대를 가로막는 크나큰 요인 중 하나로 컴퓨터나 스마트폰 등의 IT 기기를 자유자재로 다룰 수 있느냐 없느냐를 들 수 있다.

## IT 활용 능력이 떨어지는 중년 여성

쉰일곱 살인 A 씨는 지인에게 아르바이트로 사무 일을 해보지 않겠냐는 권유를 받았다. 하지만 몇 번을 배워도 엑셀이나 파워포인트로 표를 만들고 자료를 작성하는 방법이 익숙해지지 않았다.

이십 대 여사원이 알려 줬는데, 처음에는 친절하게 가르쳐 주더니 몇 번이나 똑같은 질문을 하자 점점 싫은 기색을 내비치기 시작했다. 그러다 '아무 쓸모없는 아줌마'라는 뒷담화까지 듣게 되자 결국 A 씨는 삼 개월을 채우지 못하고 회사를 그만두고 말았다.

"회사를 그만둔 거야? 컴퓨터 학원에 다니면서 배우면 되잖아?" 이렇게 묻는 대학생 딸에게 A 씨는 "이제 내 나이 곧 예순이야. 컴퓨터 같은 거 배우지 않아도 먹고 살 수 있고, 일 안 해도 연금으로 살아갈 수 있으니 됐어"라고 대답하고 말았다고 한다.

A 씨의 이런 의욕 없는 마음이 동료였던 젊은 여사원에게 전해졌던 건지도 모른다.

A 씨 같은 중년 세대는 휴대전화를 폴더폰에서 스마트폰으로 바꾸는 것만으로도 '어떻게 쓰는 건지 모르겠다. 메시지는 어떻게 보내는 거냐? 카톡은 또 뭐냐?' 하며 당황하고, 휴대 전화 판매점 직원이나 자녀들에게 배워 겨우겨우 쓸 수 있게 된 세대다.

반면 A 씨가 아르바이트하던 곳에서 지도해 주던 사원은 이른바 '디지털 원주민Digital native'이라 불리는 세대다. 이들은 인터넷이나 컴퓨터 조작에 굉장히 능숙해 새로운 애플리케이션 등도 척척 활용하며 자유롭게 인터넷 사회를 누린다.

일을 계속하기 위해서는 컴퓨터 조작이 필수다. 아마도 A 씨는 새로운 일에 도전하는 일이 귀찮았을 것이다. 또 다른 사람에게 컴퓨터 조작법을 물어보는 일이 자존심 상해 주저하는 마음도 있었을 것이다. 결국엔 이 모든 이유를 나이 탓으로 돌리고 도망치고 만 듯하다.

💬 이렇게 해보자

시대와 함께 업무 방식이나 다른 사람과의 커뮤니케이션 수단은 점점 변화해 간다. 앞으로 남아 있는 오십 년을 살아가려면 '새로운 것에 관심을 가지고 도전해 보자!', '젊은 세대와의 커뮤니케이션을 즐겨 보자!'와 같은 호기심이 필요하다.

관심이 가는 일을 찾아 즐길 줄 아는 호기심을 가진 사람은 나이가 들어도 치매에 잘 걸리지 않는다고 한다.

A 씨의 딸도 '이제 나이도 있으니 새로운 일은 하고 싶지 않다'는 어머니의 발언에 조금은 실망하지 않았을까? 아무쪼록 딸에게 새로운 무언가를 배우는 자세를 보여 주길 바란다. 그러면 딸에게도 '엄마도 하는데 나도 새로운 일에 도전해 봐야지!' 하는 마음이 생기지 않겠는가.

앞으로의 장수 사회에서 살아남으려면 나이를 이유로 행동을 제한해서는 안 된다. 즐겁게 하고 싶은 일을 끝까지 해내겠다는 마음가짐으로 생활해 나가도록 하자.

### 🚨 인간관계에 빨간 신호등이 켜질 때

**사이가 좋았던 동료와의 불화로 회사를 그만둘 수밖에 없었다**

사십 대 후반의 B 씨는 아이가 중학교에 입학하자마자 보험회사의 영업직으로 사회에 복귀했다. 젊었을 때 같은 직종에서 일했던 경험이 있어 금세 업무에 익숙해질 수 있었다. 바쁘긴 했지만 공적으로나, 사적으로나 알찬 하루하루를 보냈다.

삼 년째 되던 해에는 팀장으로 승진도 했다. 업무 실적 면에서 보면 회사로서는 당연한 판단이었지만, 많은 동료와 선배들을 제치고 먼저 승진한 모양새가 돼버렸다. 사이가 좋았던 동료가 뒤에서 B 씨의 험담을 하고 다니기 시작한 것도 바로 이때부터였다.

처음에는 동료의 유치한 행동을 별로 신경 쓰지 않았다고 한다. 하지만 어느 날 B 씨가 출근해 보니 컴퓨터에 저장돼 있던 중요한 데이터가 삭제되고 없었다. 고생고생해서 데이터는 복구할 수 있었다. 하지만 한숨 돌리고 나자 마음이 와르르 무너지더니 눈물이 하염없이 흘러내렸다.

정신적으로 견디기 힘들어진 B 씨는 다른 회사로 이직해서 처음부터 다시 시작한다는 마음가짐으로 열심히 일하고 있다고 한다.

### 왜 이런 일이 생겼을까?

의욕이 넘치고 향상심도 있는 B 씨는 회사에서 인정받아 승진할 정도로 열심히 살아온 사람이다. 하지만 B 씨를 향한 동료들의 시샘과 질투가 그녀를 힘들게 만든 듯하다.

보험회사 영업직의 경우 여성들이 대부분이고, 영업실

적 하나로 일희일비하는 곳도 많을 것이다.

컴퓨터에 저장된 데이터를 삭제하는 행위는 흔히들 말하는 '괴롭힘'이다. 이런 괴롭힘이나 중상 비방과 관련된 사안은 아이들뿐 아니라 어른들 사이에까지 확대됐다. 어린 시절 자신이 괴롭힘을 당했거나 친구가 왕따를 당하는 모습을 보며 자란 사람이 회사에서도 똑같은 행동을 하는 안타까운 현상이 발생하고 있는 것이다.

### 🗩 이렇게 해보자

질투하고 시샘하는 동료에게 직접 분통을 터트린다 해도 피곤해질 뿐이니 냉정한 대처가 중요하다.

일단은 상대방과 거리를 둘 수 있도록 노력하자. 그리고 혼자서 다 떠안지 않기를 바란다. 만약 회사에 괴롭힘 대책 창구가 있다면 그런 곳에 상담해 보는 방법도 있다.

직장 분위기가 음침하면 이직률도 높아진다. 따라서 괴롭힘은 회사 차원에서도 절대 방치할 수 없는 문제다.

B 씨가 직장을 옮긴 일은 매우 잘한 선택이다. 지금까지 열심히 노력해 온 실적이 이직에도 도움이 됐을 것이다. 아무쪼록 다음 직장에서도 열심히 하기를 바란다.

그리고 새로운 직장에서는 이번 일을 경험 삼아 동료나

젊은 친구들과의 커뮤니케이션에 각별히 주의를 기울이고 소중히 여기길 바란다.

 인간관계에 빨간 신호등이 켜질 때

**나이 어린 상사와 껄끄러운 관계가 계속되고 있다**

슈퍼마켓에서 파트타임으로 근무하기 시작한 오십 대 후반 C 씨의 이야기다. 슈퍼마켓의 업무는 바쁜 데다 일 자체가 워낙 다양해서 다 기억하기가 쉽지 않다. C 씨는 사회 경험도 별로 없다. 업무를 외우는 속도도 빠른 편이 아니고 실수도 자주 한다. 그때마다 열다섯 살이나 어린 상사에게 주의를 받고 '이래서 아줌마들은' 하며 무시하는 듯한 눈길을 받는 일이 고역이라고 한다.

열다섯 살이나 어린 남성에게 항상 존댓말을 써야 한다는 데 거부감도 느껴지고, 대화를 해보려고 해도 아직 미혼인 상사와 공통되는 화제도 없다. 자신을 대할 때와 젊은 여성 아르바이트생을 대할 때 확연히 다른 상사의 태도 또한 신경이 쓰인다.

C 씨는 말한다. "오십 대 후반인 사람을 써주는 곳도 별로 없어서 웬만하면 참고 계속 일을 하고 싶어요. 하지만 상사와의 삐거덕거리는 관계 때문에 앞으로도 계속 일할 수 있

을지 불안해요."

## 🔍 왜 이런 일이 생겼을까?

직장에서 상사의 말이나 행동 때문에 마음에 상처를 받고 기가 죽어 일을 그만두고 싶어 하는 사람은 매우 많다. 게다가 C 씨의 상사는 C 씨보다 나이도 어리다. 상사에게 주의를 받을 때마다 '나이도 나보다 어린 주제에 아줌마라고 얕보기나 하고. 젊은 여자애들한테는 잘해 주면서'와 같은 불만이 뇌리를 스치고 지나갈 것이다. 그야말로 스트레스로 가득 찬 직장 생활이 아니겠는가.

어쩌면 이 상사는 회사에 자신의 실적을 인정받아 승진하고자 하는 목표 때문에 C 씨를 엄하게 지도하는 건지도 모른다. 이런 상사는 조심해야 한다. 부하 직원이 왜 일을 못하는지 이해하지 못하고 자신의 방법만 밀어붙이는 유형의 사람이기 때문이다.

## 💬 이렇게 해보자

그렇다면 C 씨는 이런 상사가 있는 직장 내 스트레스에 어떻게 대처하면 좋을까? 나는 '자아탄력성Ego resilience'(제8장 참조)을 키우라고 권하고 싶다.

C 씨는 매우 성실하고 열심히 일해 보려는 노력파다. 하지만 너무 성실하다 보니 상사에게 받는 스트레스가 점점 쌓여만 간다. 언젠가 더는 참지 못하고 "때려치울래!"라고 할 수도 있다.

자아탄력성이 높으면 열심히 노력하는 자신과 편히 쉬는 자신과의 사이에서 균형을 잘 잡을 수 있어 하루하루의 생활을 긍정적으로 즐길 수 있다. 특히 C 씨의 경우 자신에게 맞는, 숨을 돌릴 수 있는 방법을 실천해 보기를 바란다.

파트타임으로 일하고 남는 시간에 걷기 운동을 하거나 집에서 케이크를 구워 가족과 나누어 먹거나 친구와 점심을 즐기는 등, 소소한 일상생활 속에서 조금은 색다른 일을 해 보도록 하자.

또 상사에게도 분명 좋은 점이 있을 것이다. "인생을 조금 더 산 제가 보기에도 ○○ 씨는 정말 열심히 사는 것 같아요. 정말 대단해요. 모르는 점도 많지만 많이 가르쳐 주세요." 이처럼 상대방의 좋은 점을 칭찬하면서 자신의 바람을 이야기해 보면 어떨까? 그러면 서로의 마음이 누그러져 좋은 관계로 발전해 나갈 수 있을지도 모른다.

# 밀레니얼 세대를
# 대하는 방법

나뿐만 아니라 스스로를 '밀레니얼 세대'라 부르는 사람들과의 관계 때문에 힘들어하는 사람은 많으리라 생각된다. 밀레니얼 세대는 누군가의 부주의한 한 마디에 쉽게 마음의 상처를 받고 금세 기죽는 경우가 많다. 이런 젊은 친구들과 잘 지내고 싶다면 다음과 같은 표현은 되도록 쓰지 않도록 주의하자.

① '뭐? 어떻게 이런 것도 몰라?'
세대가 다르기 때문에 중년 세대라면 누구나 알 법한 화제나 사회 문제라도 요즘 세대는 모를 확률이 높다. 따라서 '이런 것도 몰라?'가 아니라 '그럼 ○○은 알아?'와 같이 질문 방법을 바꿔 대처하도록 하자.

② '이 일은 자네에게 맡길 테니 스스로 생각해서 해봐'

중년 세대에게 '당신은 의지할 수 있는 사람'이라는 말은 칭찬으로 받아들여지기도 한다. 하지만 스스로 생각하고 궁리하는 데 서툰 젊은 세대에게 이 말은 위험하다.

더군다나 밀레니얼 세대는 '모르겠다'고 아주 당당하게 이야기한다. 그런 그들에게 화를 내며 '왜 스스로 생각하지 못하는 거야?' 하며 되받아치지 말기 바란다.

처음부터 '모든 것을 스스로 생각해서 해주길 바라는' 업무 지시 방식은 피한다. 미리 그 업무의 목적, 목표, 구체적인 스케줄이나 내용 등을 생각해 보고, 이를 글로 적어서 시각화한 후 지시하도록 하자.

③ '○○ 씨는 정말 실수가 잦네'

어떤 부하 직원에게도 인격을 부정하는 말은 좋지 않다. 하지만 부하 직원이 업무 중 실수를 하면 그 원인을 찾아 지적하는 일 또한 상사의 역할이다. 따라서 이럴 때는 우선 '○○ 씨는 이런 점이 참 좋아!' 하며 좋은 점을 찾아 칭찬한 다음 부족했던 점, 실수로 이어지고 만 원인 등을 이야기해 주도록 하자.

예를 들면 "○○ 씨는 항상 엑셀로 표를 꼼꼼하게 잘 만드는 것 같아요. 그런 꼼꼼함 아주 좋아요. 마지막에 숫자만

한 번 다시 확인해 주면 실수가 많이 줄어들 거예요" 같은 식
으로 말해 주는 것이다.

### 🚨 인간관계에 빨간 신호등이 켜질 때

**"전 밀레니얼 세대인 걸요"라며 되레 정색하는 젊은이들**

몇 년 전 우리 대학 세미나에 참가한 학생들이 컴퓨터실에서
심리학 데이터를 해석하는 실습을 할 때였다. 한 여학생이
"교수님, 모르겠어요"라며 손을 들었다. 그 학생에게 다가가
"'그냥 모르겠다'가 아니라 '○○ 부분을 모르겠으니 가르쳐
달라'라고 이야기해 줬으면 좋겠는데?" 했더니 "교수님, 그
건 어려워요! 전 밀레니얼 세대인 걸요! 뭐든지 모르겠다고
이야기하면 선생님들이 다 가르쳐 주시는 환경에서 자랐
다고요. 그러니까 그렇게는 못 해요"라며 당당하게 되받아
치는데 정말이지 깜짝 놀랐다.

　"밀레니얼 세대인 걸요!" 이렇게 공언하는 학생과 만난
것은 그때가 처음이었다.

　졸업 후 취직한 그 여학생이 지금도 어딘가에서 상사에
게 '죄송한데, 저는 그런 방법 몰라요. 왜냐하면 전 밀레니얼
세대니까……'라며 직장 내 분위기를 흐트러뜨리고 있는
것은 아닐지 걱정이다.

아마도 그 여학생은 지금까지 학교나 가정에서 '못 해요', '몰라요' 하면 도와주는 복 받은 환경에서 자라났을 것이다.

밀레니얼 세대가 어린아이였던 시절 일본에서는 '혼내면서 가르치는 것은 좋지 않다'는 풍조가 강해졌다. 그 당시 교육의 목적은 가르칠 내용을 억지로 주입시키는 것이 아니라 시간을 들여 천천히 생각할 수 있는 아이로 키우자는 데 있었다. 그때 일본에는 '혼을 내면 비뚤어진 아이로 자라난다', '아이의 말은 무엇이든 다 들어줘야 순수한 아이로 자라난다', 즉 다시 말해 아이는 '여유를 가지고 느슨하게' 키워야 한다는 사고방식이 있었다.

모르는 것을 '모른다'고 이야기하는 것은 결코 나쁜 일이 아니다. 문제는 그 의문을 상대방에게 어떻게 전달하느냐다. '전 밀레니얼 세대라 몰라요.' 사회에서 이런 변명은 통하지 않는다.

앞의 '분석'에서 자신이 모른다는 사실을 상대방에게 어떻게 전달하느냐가 문제라고 이야기했는데, 이때 심리학에서 사용되는 '시원시원한 자기주장'이라는 관점이 중요하다.

바로 '**어서션**Assertion, 더 좋은 인간관계를 구축하는 데 필요한 커뮤니케이션 기술 중 하나로, '인간이라면 누구나 자신의 의견이나 요구를 표명할 권리가 있다'는 입장에 근거한 적절한 자기주장'이라는 사고방식이다. 앞서 소개한 여학생은 상대방을 불쾌하게 만들지 않고 자신이 하고 싶은 말을 잘 전달할 수 있는 방법을 습득하기를 바란다.

가령 상사가 '○○ 씨, 이 일 내일까지 좀 해줄래요?' 하며 부탁했을 때 '전 밀레니얼 세대라 이 일 어떻게 하는지 몰라요'라고 대답하면 안 된다. '죄송한데, 이 업무의 이 부분은 알겠는데 이 부분은 어떻게 해야 할지 모르겠어요. 좀 가르쳐 주시면 안 될까요?' 이처럼 **상대방에게 자신이 아는 부분과 모르는 부분을 구체적으로 제시하는 것이 능숙한 '어서션'**이라 할 수 있다.

한편 직장에 무슨 일이든 바로 가르쳐 달라고 말하는 사원이 있다면 상사인 중년 세대에게는 이런 젊은 세대에 맞추어 유연하게 대처하는 자세가 요구된다. 이런 유연한 대처 방법은 '자아탄력성'에도 등장하는 개념이다.

'요즘 젊은 사람들은 무슨 생각을 하는지 도통 알 수가 없어. 이해가 안 돼'가 아니라 '어라? 밀레니얼 세대 젊은 친구들은 이렇게 생각하는구나? 우리 세대와는 이런 점, 저런 점이 다르구나……'와 같이 젊은 **세대를 알아가는 일이 흥미롭고 그들과 대화를 나누는 일이 재미있다**며 긍정적으로 받아들이는 자세가 유연한 대처 방법이라 할 수 있다. 젊은 세대를 따스한 눈으로 지켜보며 키워 나가도록 하자.

# 어떻게 대응해야 할지 모르겠다!
# 성인 발달 장애

성인 발달 장애가 화제가 되기 시작한 지는 얼마 되지 않았다. 이제까지 '괴짜', '일 못하는 사람'이라 불리던 사람들이 사실은 '발달 장애' 문제를 안고 있는 경우가 많았다.

지금부터 사회인이 된 후 발달 장애로 문제가 되는 자폐 스펙트럼 장애ASD, 주의력 결핍 및 과잉 행동 장애ADHD에 대해 설명하도록 하겠다.

## 자폐 스펙트럼 장애(ASD)

———

자폐 스펙트럼 장애Autism Spectrum Disorder에는 ①사회적 커뮤니케이션 및 상호 관계의 지속적 장애 ②제한적이고 반복적인 행동, 흥미, 활동 장애라는 특징이 있다. 이 두 가지 특징을 살펴보도록 하자.

사회적 커뮤니케이션 장애가 있는 경우 다음과 같은 행동 특성을 볼 수 있다.

- 사회성이 부족하다.
- 혼자 있기를 좋아한다.
- 주위 분위기나 상황을 파악하지 못한다.
- 암묵적인 룰을 알아채지 못한다.
- 새로운 상황을 불안해한다.
- 사회인이라면 당연히 습득했어야 할 인사조차 제대로 하지 못한다.
- 다른 사람과의 관계에 무관심하고, 다른 사람과 엮이기를 피한다.
- 상대방 말 속에 숨은 뜻이나 감정을 제대로 이해하지 못해 말 그대로 받아들이고 만다.
- 앞을 내다보고 행동하거나 환경 변화에 대처하여 행동을 수정하고 변경하기를 어려워한다.
- 예정을 짜는 계획력, 기획력이 부족하다.

또 제한적이고 반복적인 행동, 흥미, 활동 장애가 있는 경우에는 다음과 같은 행동 특성을 볼 수 있다.

- 특정 활동이나 흥미에 치우치고 집착한다.
- 도감이나 사전, 시각표 등을 좋아한다.
- 똑같은 일과, 똑같은 물건 배치, 똑같은 순서 등 특정 습관에 집착한다.
- 자신이 정한 일과나 순서가 바뀌면 거부 반응을 보인다.

## 주의력 결핍 및 과잉 행동 장애(ADHD)

---

ADHD는 영어 Attention Deficit Hyperactivity Disorder의 약자로, 한국어로는 '주의력 결핍 및 과잉 행동 장애'라 불린다. 이 장애가 있는 사람은 이런 특징을 보이는 경우가 많아 일에 지장을 초래하기도 한다.

- 세심하게 주의를 기울이지 못해 주의력 부족에 따른 실수가 많다.
- 지속적으로 주의를 기울이지 못한다. 금세 질려하고 집중하지 못한다.
- 매사에 건성건성 하고 다른 사람 이야기를 제대로 듣지 않는다.
- 지시에 따르지 못하고 과제나 일을 끝내지 못한다.
- 과제나 활동을 정리하지 못한다.

- 정신적인 노력이 지속적으로 필요한 과제를 싫어한다.
- 물건을 놓고 오는 일이 많다.
- 하루하루의 활동을 잊어버리기 일쑤다.

ADHD는 주의력 결핍 특징이 두드러지는 사람, 과잉행동 성향이 두드러지는 사람 또는 두 가지 특성을 다 갖춘 사람으로 분류할 수 있는데, 회사에 다니면서 문제가 되는 경우는 주의력 결핍 특징이 두드러지는 사람이라고 할 수 있다.

### 🚨 인간관계에 빨간 신호등이 켜질 때

**분위기 파악을 하지 못하는 자폐 스펙트럼 장애 성향의 엘리트 사원**

경력 채용으로 입사한 D 씨는 삼십 대 중반이다. 유명 국립대학 출신으로 두뇌가 명석하고 사무적인 일을 척척 처리하는 유능한 여성이다.

입사하고 얼마 안 됐을 때의 일이다. "회의실에서 진행 중인 회의가 길어지네요. 아침에 내어 드린 차가 어떤지 한번 보고 와줄래요?" 상사가 D 씨에게 부탁했다. 그 즉시 회의실에 다녀온 D 씨. "네, 보고 왔습니다." 당연히 상사는 찻잔이 비어 있는 사람이 있으면 차를 더 따라 주고 오라고 부탁한 것이다. 그런데 D 씨는 그 뜻을 전혀 이해하지 못하고 그

저 회의실 상황만 보고 왔다. 이래서야 그냥 어린아이에게 심부름시키는 것과 전혀 다를 바가 없다.

또 퇴근 시간이 지나도록 컴퓨터 앞에 가만히 앉아 멍하니 화면만 바라보고 있는 D 씨를 보고 상사가 "D 씨, 업무 시간도 끝났으니 퇴근해도 좋아요"라고 했더니 컴퓨터를 끄지도 않고 그냥 퇴근해 버렸다고 한다. 이 외에도 D 씨는 상사의 업무 관련 지시를 따르지 않고 자기 마음대로 일을 진행하다 문제를 일으키기도 했다.

이런 일들이 쌓이고 쌓여 결국 상사는 시용기간試用期間이 끝난 D 씨에게 퇴직을 선고할 수밖에 없었다고 한다.

### 왜 이런 일이 생겼을까?

D 씨 같은 사람은 자폐 스펙트럼 장애의 특징 중 상대방의 말 속에 숨은 뜻이나 감정을 제대로 이해하지 못해 말을 있는 그대로 받아들이고 주위 분위기나 상황을 파악하지 못하는 특성이 강한 사람이다.

예전에는 이런 장애를 '아스퍼거 증후군Asperger disorder'이라고 불렀다(하지만 최근 이 장애를 '자폐 스펙트럼 장애' 내에서 논의하기 시작하면서 더는 사용하지 않게 됐다).

D 씨의 경우 지적인 면에서는 머리가 뛰어나다. 따라서

학교생활을 하면서 어려움을 느끼는 일은 없었을 것이다. 하지만 취직하고 보니 사회적 스킬이 부족해서 업무적인 면에서 실수가 발생하는 것이다.

💬 이렇게 해보자

주위 상황을 잘 파악하지 못하고 동료들과 제대로 소통하지 못하는 자폐 스펙트럼 장애 성향이 있는 부하 직원에게는 다음과 같이 대처하기를 권한다.

- **시각적으로 지시한다**(말로 전달하지 않고 직접 적은 메모 등을 보여 주면서 지시한다).
- **간단명료하고 구체적으로 지시한다.** '이 일은 12월 초까지' 같은 모호한 지시가 아니라 '12월 12일 17시까지 완성해 주세요' 같이 구체적인 지시 사항을 적어서 전달한다(D 씨의 사례라면 '회의실에 계신 손님 중 찻잔이 비어 있는 분이 계시면 차를 더 따라 주세요'와 같은 구체적인 지시가 효과적이다).
- 무언가에 강한 집착을 보이는 사람이 있다면 그 집착을 **없애려고 하지 말고 그것이 그 사람의 마음을 안정시켜 준다는 사실을 이해해 준다.**
- 거래처를 방문했을 때 인사도 제대로 못하고 스몰토크

도 잘 못하는 사람이 있다면 사회인으로서 당연히 할 수 있어야 한다는 생각은 버리고 **인사하는 방법이나 화제로 삼아야 할 이야깃거리를** 미리 알려 준다.

- 동료나 거래처 사람에게 상처주는 말과 행동, 사회에서 용납되지 않는 행동을 하지 않도록 **구체적으로 끈기 있게 가르쳐 준다.**

이런 성향이 있는 사람을 이해하고, 구체적으로 지시를 내려야 한다는 사실을 유념하는 일이 중요하다.

# 과거의 종적 사회는 붕괴,
# 새로운 관계를 구축하다

요즘 일하는 여성이 증가하면서 다양한 분야와 직위에서 많은 여성들이 활약하고 있다. 하지만 이는 직장에서 복잡한 인간관계 때문에 힘들어하는 여성도 증가하고 있음을 의미한다.

특히 사십 대, 오십 대의 여성은 중간관리직인 경우가 많다. 이들은 남성이든, 여성이든 자신의 지위를 이용해서 부하 직원을 괴롭히는 일말의 주저함도 없는 상사 때문에 애를 먹는다. 한편 나이 어린 부하 직원에게는 세대 차이를 느끼고 그들과의 관계 때문에 골머리를 앓는다.

자신들이 지금껏 경험해 온 종적 사회구조는 이미 무너져 버렸다. 지금 그들은 새로운 직장 속 인간관계의 구축을 요구받고 있다.

이를 위해서는 일단 자기 자신부터 넓은 마음으로 다른

세대를 받아들이는 여유를 가져야 한다.

주위 사람은 당신이 아무리 발버둥 쳐도 변하지 않는다. 그러니 당신이 변할 수밖에 없다. 그래도 고민이나 초조함이 해소되지 않는다면 제8장에서 소개할 자아탄력성을 갈고닦기를 권한다.

또 요즘에는 직장에 발달 장애 성향을 보이는 직원들이 늘어나 지금까지 부하 직원을 지도하던 방법이 전혀 통하지 않는 곤란한 상황도 발생한다.

이런 성향이 있는 사람을 대할 때는 그들의 행동 특성을 이해하고 구체적으로 도움을 주도록 하자. 그들을 동료로 받아들이고 한 팀으로서 같이 일해 나갈 수 있도록 포기하지 말고 노력하길 바란다.

제7장

# 친구와의 관계

- 친구는 인생을 응원해 주는 서포터다 -

# 친구는 왜 소중한가?

일본에는 설날에 연하장을 보내는 풍습이 있다.

한 조사에 따르면 일본인이 설날에 보내는 평균 연하장 수는 삼십 대 40.9장, 사십 대 52.1장, 오십 대 51.5장, 육십 대 63.0장으로 연령대가 높아질수록 늘어났다.

중년 세대에게 연하장을 주고받는 일은 옛 친구의 근황을 파악하고 지금도 그 사람과 연결되어 있다는 사실을 확인할 수 있는 수단이다. 하지만 요즘 젊은이들은 연하장이 아닌 휴대전화로 '올해도 잘 부탁해!' 같은 메시지를 주고받는다. 시간과 돈을 투자해서 연하장을 보내는 젊은이는 급격히 감소하고 있다. 그러나 개인적으로 연하장은 사람과 사람을 이어 주는 좋은 풍습인 만큼 앞으로도 쭉 이어지길 바란다.

우리는 어렸을 때부터 부모님이나 선생님에게 '친구는

소중하다'는 말을 들으며 자라왔다. 이번 장에서는 친구가 소중한 이유를 다시 한번 생각해 보면서 중년기 이후의 교우 관계에 대해 살펴보고자 한다.

## 중년 여성의 교우 관계의 특징

—

중년 여성은 다양한 사람들과 관계를 맺으며 살아간다. 그 중에서 인연이 닿아 '친구'로까지 발전한 사람들을 떠올려 보도록 하자. 그 사람들과는 어떻게 친구가 됐는가? 그리고 그들과 얼마나 친하게 지내는가?

친구에는 ①소꿉친구나 학창 시절 친구 ②직장 동료나 동기 ③취미나 동아리 친구 ④자녀 친구 엄마 등이 있다.

### ① 소꿉친구나 학창 시절 친구

소꿉친구는 집이 가까워서 함께 놀거나 어린이집, 유치원, 초등학교에 같이 다니던 친구를 말하기도 하고, 학창 시절 같은 반이나 동아리여서 친구가 된 관계를 말한다.

이들은 서로의 가족도 잘 안다. 쭉 연락하고 지냈다면 사십 년도 더 되는 관계다. 지금도 만나면 애칭이나 별명으로 부를 수 있는 편안함이 있다.

## ② 직장 동료나 동기

그렇다면 직장 동료나 동기는 친구일까?

예를 들어 같은 해에 입사한 동기끼리는 함께 연수를 받기도 하고, 배치된 부서의 업무를 전혀 모르던 시절에는 서로 고충을 털어놓거나 푸념을 늘어놓곤 한다. 이런 공통된 경험과 화제 덕분에 두 사람의 결속이 강해지면 단순히 일 때문에 만나는 동료가 아니라 교우 관계가 생겨난다. 이렇게 되면 직장 동료나 동기도 친구로 간주할 수 있다.

하지만 개중에는 자신이 무리 속에 끼지 못하거나 승진하지 못했다는 이유로 질투하는 사람도 있으니 주의해야 한다.

## ③ 취미나 동아리 친구

중년이 돼서 아이를 어느 정도 키워 놓고 나면 앞으로는 자신이 좋아하는 일을 하겠다며 단단히 벼르는 경우가 많다. 지금까지 해보고 싶었지만 못해 봤던 취미, 예를 들어 하와이안 훌라 댄스, 이탈리아어 강좌, 만돌린 같은 것들을 시도한다. 요즘에는 피트니스 센터에서 하는 근력 운동이나 요가 같은 건강지향적인 활동도 인기가 있다.

취미나 동아리 친구의 특징은 다양한 연령, 환경의 사람들과 어울릴 수 있다는 점이다.

④ 자녀 친구 엄마

자녀 친구 엄마와의 관계는 자녀를 매개로 한 부모들의 교류로 생겨난다. 여성들의 고민거리 중 하나로, 곧잘 매스컴 등에서도 다뤄지곤 한다.

자녀 친구 엄마는 육아 정보나 유치원, 학교, 선생님의 정보를 얻고, 자녀를 키우며 생기는 고충을 서로 나누며 안도감을 얻을 수 있는 교우 관계다. 하지만 자녀를 매개로 한 간접적인 위치 관계다 보니 '내 아이를 생각해서' 신경 쓸 일이 많은 관계기도 하다.

 인간관계에 빨간 신호등이 켜질 때

**엄마들에게 따돌림을 당했다**

쉰 살인 A 씨에게는 딸이 두 명 있다. 현재 스무 살인 큰딸은 유치원에, 세 살 어린 둘째 딸은 어린이집에 보내며 키웠다. 그리고 큰딸이 유치원을 졸업할 즈음 일을 다시 시작해서 지금까지도 쭉 회사원으로 일하고 있다.

큰딸이 유치원에 다니던 시절 다섯 아이가 서로 친하게 지냈다. 그 덕분에 엄마들도 친구가 됐다. 함께 피아노를 배우고 수영장에 다니기도 했다. 아이가 유치원을 졸업한 후에도 가끔 주말에 만나 점심을 먹는 등 만남을 이어왔다. 아이를 키우며 생기는 고민거리도 서로 이야기했다.

그런데 큰딸이 고등학교에 들어갈 무렵부터 A 씨는 엄마들끼리 점심 먹는 자리에 초대받지 못했다. '어, 왜?' 하는 생각에 문자를 보내 봤더니 "○○ 엄마는 우리 전업주부와는 달리 일이 바쁘잖아? 괜히 연락했다 일을 방해하면 어쩌나 싶어 우리끼리 의논해서 이제 연락 안 하기로 했어"라는 답장이 돌아왔다.

"정말 충격 받았어요"라고 이야기하는 A 씨. 지금도 가끔 집 근처에서 만나곤 하는데 왠지 모르게 서먹서먹하고, 딸에게 네 사람이 여전히 친하게 지내고 있다는 이야기를 들으면 자기만 따돌림 당했다는 생각을 떨쳐 버릴 수가 없다고 한다.

### 🔍 왜 이런 일이 생겼을까?

A 씨는 육아와 일, 둘 다 열심히 해온 여성이다. 반면 다른 네명의 엄마들은 전업주부로 살면서 아이 키우기를 최우선으로 가정을 지켜 온 여성들이다. 이 라이프스타일의 차이가 점심 약속에 초대 받지 못하게 된 이유인지도 모른다.

다른 친구 엄마들은 일을 다시 시작하고, 가사와 일 두 가지를 다 잘 해내는 A 씨가 부러웠던 것이 아닐까? 어쩌면 나머지 네 사람의 관계가 친구 엄마에서 '나도 일하고 싶은데 못 한다', '나만 세상에 뒤처지고 있는 것만 같다'와 같은 공통된 생각을 지닌 관계로 변해 버린 건지도 모른다. 그리고 거기에는 사회에서 열정적으로 활약하는 A 씨가 끼어들여지가 없다. 아마 일부러 못되게 굴려는 의도는 없었을 것이다.

### 💬 이렇게 해보자

중년 여성의 라이프스타일은 복잡하다. 전업주부의 삶을 선택한 여성, 계속 일하는 삶을 선택한 여성, 일단 회사를 그만뒀다가 육아가 일단락되자 다시 일을 시작하는 삶을 선택한 여성…… . 그 인생을 선택한 것은 다름 아닌 자기 자신들이다.

다른 엄마들이 A 씨의 삶을 부러워하거나 질투한다면 이는 잘못된 행동이다. 하지만 그 잘못을 깨닫기는 좀처럼 쉽지 않다.

A 씨는 교류가 끊긴 지 벌써 오 년도 더 됐다고 했다. 하지만 아이들이 같은 유치원에 다녔다면 집이 가까워 앞으로도 얼굴을 마주칠 일이 있을 것이다. 지금의 관계가 신경 쓰인다면 우연히 마주쳤을 때 인사만 하고 끝내지 말고 '오랜

만에 나도 참가하고 싶으니까 다음에 만날 때는 꼭 연락해 줘' 하며 큰맘 먹고 이야기해 보면 어떨까?

'나만 안 부르다니 너무하잖아?' 이런 분노도 있겠지만, 이때는 일하며 갈고닦은 어른다운 대처 방식으로 부딪혀 보자.

# 장년기의 친구가
# 남은 인생을 지탱해 준다

여기서는 도요타豊田, 무라노村野, 스즈키鈴木(2013)가 연구한 장년기의 교우 관계와 사회적 지원Social support에 대해 소개하고자 한다.

연구에서는 다섯 명의 오십 대 여성을 대상으로 면접조사를 실시했다. 보고에 따르면 이 다섯 명의 여성에게는 네 명에서 일곱 명 정도의 친구와 엄마들 모임 등 두 개에서 네 개 정도의 모임이 있다는 사실을 알 수 있었다.

이 연구를 통해 드러난 결론 중 우리는 중년 여성의 친구 조건에 '가정의 유사성'이 있다는 점에 주목해야 한다.

어린 시절 교우 관계의 경우 집이 가깝다거나 동아리가 같다 등의 공통점이 있었다. 하지만 중년의 경우 자신과 비슷한 환경, 예를 들어 경제적 환경이나 남편의 직장 상황, 직업 유무, 자녀의 진학 상황(유명한 대학에 들어갔다, 재수한다), 자녀

## 중년 여성의 친구 관련 에피소드(도요타, 무라노, 스즈키, 2013에서 발췌)

**Q 친구의 조건은 무엇인가?**

| | |
|---|---|
| 가정의 유사성 | 지금까지도 계속 만나게 되는 친구를 보면 가정환경이 비슷한 경우가 많다. 환경이 비슷하지 않은 친구와는 자연스럽게 연락이 끊긴다. |
| 가정의 안정 | 가정이 불안정하면 일단 밖에 놀러 나갈 수가 없다. 때문에 우선 가정생활이 뒷받침돼야 한다. 가정이 불안정하면 친구를 만나고 다닐 상황이 안 된다. |

**Q 친구와는 어떤 이야기를 나누는가?**

| | |
|---|---|
| 돌봄 | 서로의 아이, 부모님에 대해 이야기한다. 특히 최근 몇 년 동안은 부모님을 보살피는 문제에 대해 이야기하는 일이 많았다. 부모님과의 관계나 금전적인 문제가 점점 더 부담스러워지기 시작했기 때문이다. |
| 부부 관계 | 친구에게 남편과 다투거나 남편 때문에 화났던 일을 이야기하면 속이 꽤 후련해진다. 다시 힘을 내보자는 마음도 든다. |
| 가족 관계 | 아이들 나이가 같아서 아이의 성장과 함께 화제도 바뀐다. 그밖에 가정사, 특히 부모님을 돌보는 문제나 부부 관계에서 오는 고민 등도 이야기한다. 친구에게 이야기한다고 해결되는 것은 아니지만, 이야기하는 것만으로도 마음이 좀 편해진다. |
| 장래 | '아이들이 독립하고 나면 다 같이 모여 살면 좋겠다' 같은 이야기도 한다. 남편 말고 친구와 같이 살고 싶다. |

**Q 당신에게 친구란?**

| | |
|---|---|
| 버팀목 | 친구는 버팀목이다. 정신적으로 이어져 있는 느낌이다. |
| 신뢰 | 절대적으로 신뢰한다. 나를 잘 이해해 준다. |
| 안도감 | 친구와 만나면 마음이 놓인다. 내가 있어야 할 자리로 돌아온 느낌이다. 다른 사람과 있을 때처럼 신경을 쓰지 않아도 된다. |

의 문제 행동 유무(발달 장애가 있다, 은둔형 외톨이이다) 등이 교우 관계에 영향을 미친다는 사실을 알 수 있었다.

또 '부부 관계', '돌봄' 등을 대화 주제로 들었다는 점이 흥미롭다. 이들은 친구에게 이런 문제에 대해 이야기하고 나면 속이 시원해진다고도 응답했다.

이를 통해 중년 여성에게 친구는 스트레스를 발산하고 몸과 마음 모두 건강하게 만들어 주는 중요한 존재라는 사실을 알 수 있다.

아이를 통해 알게 된 아이 친구 엄마와의 관계 때문에 고민하는 여성들은 꽤 많다. 하지만 '나중에 나이가 들면 남편이 아니라 친구와 같이 살고 싶다'고 이야기하는 여성도 있다. 따라서 그 시작은 아이 친구 엄마였다 할지라도 중년 이후로도 사이좋은 관계를 유지해 나갈 수 있는 사람은 행복한 사람이다.

## 친구는 인생을 응원해 주는 서포터다

인생에는 오르막도 있고 내리막도 있다. 좋은 일이 있으면 나쁜 일도 있다. 항상 건강할 수만은 없고 큰 병에 걸릴 때도 있다. 항상 곁에 있던 남편이 갑자기 세상을 떠나는 불행을 겪기도 한다. 가족에게도 말 못할 고민 또한 있다.

정말 힘들 때 푸념을 들어 주고 고민을 해결할 수 있는 방안을 함께 생각해 주는 친구가 진정한 친구다.

심리학에는 '**사회적 지원**'이라는 개념이 있다. 곤란에 처했을 때 도와주는 사람, 예를 들어 남편이나 자식 같은 가족이 대표적이라 할 수 있는데, 친구 또한 이 지원 기능에서 중요한 역할을 담당한다.

시마嶋에 따르면 사회적 지원에는 ①심리적 지원(정신적, 심리적인 측면에서의 지원) ②오락 관련 지원(오락 활동이나 취미 공유) ③도구적, 수단적 지원(물질적 지원이나 도움) ④문제 해결 지향적 지원(문제 해결을 위한 정보 제공)의 네 가지 기능이 있다고 한다.

그리고 친구에게는 이 네 가지 지원 기능이 다 있다.

①의 경우 **곤란에 처했을 때 이야기를 들어 주고 위로해 주는 친구.**

②의 경우 함께 취미 활동을 하거나 쇼핑을 가는 등 **즐거움을 나누는 친구.**

③의 경우 만약 병에 걸려 식사 준비 등 가사가 불가능할 때 대신 음식을 만들어 주는 등 **도움을 주는 친구.**

④의 경우 예를 들어 부모님을 보살피는 문제로 난처한 상황에 빠졌을 때 자기 부모님을 보살필 때 이용했던 시설을 소개해 주는 친구.

이처럼 친구는 인생을 응원해 주는 서포터라고 할 수 있다.

## 중년의 교우 관계에서 중요하게 여겨야 할 사항
—

인생을 오십 년 가까이 살다 보면 각자가 걸어온 삶의 길도 다양해진다.

결혼한 사람과 하지 않은 사람, 결혼해서 아이를 낳은 사람과 낳지 않은 사람, 이혼을 생각하는 사람과 이미 이혼한 사람, 일을 하는 사람과 일하지 않는 사람……. 다시 말해 생활환경이 다 다르다.

앞에서 친구의 조건으로 자신과 생활환경이 비슷한 사람이라는 답변이 있었다. 그런 사람과는 사이좋게 지낼 확률이 높다는 말이다.

하지만 길고 긴 인생을 살아오며 사귄 친구들을 떠올려 보자. 비슷한 환경인 사람보다 전혀 다른 사고방식의 소유자나 전혀 다른 삶을 사는 사람이 더 매력적으로 느껴진 적은 없는가? 서로의 차이를 인정하고 상대방을 존경하고 응원할 수 있는 관계야말로 진정한 친구 관계라고 할 수 있지 않을까?

대하기 어렵게만 느껴지는 아이 친구의 엄마라도 상대

방의 좋은 점에 눈을 돌려 보면 좋은 교우 관계를 쌓을 수 있을지도 모른다.

또 오랫동안 만날 기회가 없었던 소꿉친구와 만날 기회가 생길지도 모른다. 아무것도 모르던 어린 시절, 마음과 마음으로 교류할 수 있었던 친구라면 오랜만에 만나도 금세 예전의 친구 관계로 돌아갈 수 있을 것이다. 이것이야말로 친구의 좋은 점이다.

그동안 소원했던 친구를 떠올려 보고 연하장이나 문자로 근황을 물어보기를 추천한다. 분명 그리운 옛 추억과 우정이 다시 떠오를 것이다.

### ☆ 인간관계에 빨간 신호등이 켜질 때

**동창회에 참석해야 할지 고민된다**

쉰아홉 살인 B 씨는 건설회사에서 경리사무원으로 일하고 있다. 그런 B 씨에게 중학교 때 친구에게 연락이 왔다.

'친구들 모두 환갑을 맞이하는 내년에 동창회를 열기로 했으니 단체 채팅방에 들어오라'는 것이었다. 그 즉시 채팅방에 들어갔다. 수십 년 동안 만나지 못했던 친구들과 연락이 닿자 마음속에 그리움이 가득 차올랐다.

매일 같이 누군가가 '어디에 갔다 왔다', '○○과 만났다', '이런 밥을 먹었다' 같이 그날 있었던 일을 사진과 함께 올렸다. 한동안은 이모티콘도 보내고 답장을 했지만, 점점 그냥 무시하게 됐다. 쉰아홉이 될 때까지 회사에 다니거나 일을 하는 친구는 별로 없고 대부분이 전업주부인 데다, 채팅방에 주로 사진을 올리는 것은 하루하루 유유자적하게 보내는 친구들이라는 사실을 깨달았기 때문이다.

B 씨는 한 번 결혼했다 이혼한 후로는 쭉 독신으로 지내왔다. '동창회에 가도 친구들의 남편 자랑, 자식 자랑에는 낄 수 없겠지? 이혼하고 혼자 산다는 이야기는 하고 싶지 않은데.' 이런 생각에 동창회가 두려워진 B 씨는 친구들을 만나고는 싶지만 참석하지 않을 생각이라고 한다.

### 왜 이런 일이 생겼을까?

오랜만에 옛날 친구를 만나는 데는 상당한 용기가 필요하다. 당연히 '지금 어떻게 지내?'와 같은 질문이 쏟아질 것이 뻔하기 때문이다.

B 씨는 친구들과 만나고는 싶지만 지금까지 계속 일하고 있고 이혼해서 혼자 산다는 사실이 알려지는 것이 싫어 동창회에 참석하지 않을 생각인 듯하다.

**이렇게 해보자**

아직 망설이고 있다면 동창회에 참석해 보는 것도 좋을 듯
하다. 동창회에 참석하는 친구들 모두 수십 년 동안 여러 가
지 일을 경험했을 것이다. B 씨만 이혼 같은 힘든 경험을 하
지는 않았을 터다. 부모님을 여의거나 암으로 투병 중인 친
구가 있을지도 모른다.

일이 B 씨의 인생을 지탱해 줬으니 지금까지 쭉 일했다
고 당당하게 이야기하면 된다. 이혼했다는 사실을 알리고
싶지 않다면 무리해서 이야기하지 않아도 된다. 하지만 그
냥 이야기해 버리는 쪽이 마음이 편해질 것이라 생각한다.
이야기를 들어 주는 사람이 다름 아닌 옛 친구기 때문이다.

속속들이 알고 지낸 친구들인 만큼 옛날에 있었던 여러
가지 이야기들이 튀어나올 것이다. 친구들과 대화하다 보면
B 씨 스스로 이혼한 사실을 털어놓고 싶어질지도 모른다. 친
구들에게는 그런 용기를 얻을 수 있다.

**인간관계에 빨간 신호등이 켜질 때**

**동아리 내에 파벌이 생겨 거북해졌다**

어느 정도 아이를 키우고 나서 취미 활동 중 하나로 지역 내

합창 동아리에 가입한 육십 대 C 씨의 이야기다.

C 씨가 들어간 합창 동아리는 오십 대에서 팔십 대까지의 여성 오십 명 정도로 구성된 모임이다. 그곳에는 나서기 좋아하는 칠십 대 여성이 있었다. C 씨가 처음 동아리에 가입했을 당시 여러 모로 보살펴 주고 연습 후에 동료들과 차를 마시는 자리에도 초대해 줬다. 그녀 덕분에 금세 주위 사람들 속으로 녹아들 수 있었다.

그런데 한번은 다른 볼일이 있어 초대를 거절하자 그녀의 얼굴이 험상궂게 변했다. 그 표정이 마음에 걸렸다는 C 씨. 그 뒤로 한동안 그녀가 C 씨를 초대하는 일은 없었다고 한다. 그러던 중 또 다른 여성이 "그 사람 초대 같은 거 거절해도 괜찮아. 얼마 후에 우리 점심 모임이 있으니까 C 씨도 같이 가자" 하며 말을 걸어왔다.

듣자 하니 나서기 좋아하는 그 여성을 마음에 들어 하지 않는 사람들끼리 모여 밥을 먹거나 차를 마시는 모임이 따로 있다고 했다. 다시 말해 이 동아리에는 두 개의 파벌이 있었던 것이다.

어떻게 하면 좋을지 몰랐던 C 씨는 일단 그날은 "시어머니를 보살펴 드려야 해서요" 하며 초대를 거절했다고 한다. 그러자 이쪽도 저쪽도 아닌 어중간한 사람으로 여겨져 동아리에 있기 거북한 분위기가 만들어지고 말았다고 한다.

여성끼리의 관계는 나이가 들수록 더 어려워지는 듯하다. 나이가 들수록 점점 더 고지식해져서 상대방의 의견은 들어 보려고도 하지 않고 그저 자기 생각만 밀어붙이기 때문이다.

이 사례에 등장하는 칠십 대 여성은 그야말로 나서기 좋아하는 사람이다. 또 자신의 의견에 반대하는 사람은 자기 무리에 끼워 주려 하지 않는 속 좁은 사람인 것 같기도 하다.

합창 동아리에는 또 다른 파벌도 있다고 하는데 C 씨는 어느 쪽에 껴야 할지 고민이다. 다시 말해 '이쪽도 저쪽도 붙지 못하는' 상황인 셈이다. 예전에 여자고등학교에서 곧잘 볼 수 있었던 파벌 싸움과 비슷한 구도다.

마음이 여린 C 씨는 두 무리 모두와 사이좋게 지내고 싶을지도 모른다. 하지만 이 또한 C 씨 자신을 힘든 상황으로 내몰고 있는 듯하다.

💬 이렇게 해보자

그렇다면 C 씨는 어떻게 하면 좋을까?

일단 순수하게 합창이 좋다면 동아리 활동을 계속해 보는 것도 좋다. 어디까지나 자기 나름의 거리감을 유지해 나간다는 자세로 말이다. 누군가에게 초대를 받아도 부모님을 돌봐야 한다 등의 이유를 대고 거절하는 방법도 좋다.

어쩌면 동아리 내에 C 씨와 같은 마음인 사람이 있을지도 모른다. 인간관계에 얽매이지 않고 동아리 활동을 하는 사람을 찾아보면 어떨까? 어쩌면 그 사람과 친구가 될 수 있을지도 모른다.

하지만 만약 이 동아리에 있어도 마음이 편하지 않다면 과감하게 다른 동아리를 찾아보는 것도 좋다. 어쩌면 다른 동아리가 더 즐거울지도 모른다. 수준 또한 더 높을지도 모른다. 또 다른 만남 또한 기대할 수 있지 않을까? 유연하게 친구를 사귀는 방법도 생각해 보면 좋을 듯하다.

# 교우 관계를 계속
# 유지해 나가려면

친구는 어렸을 때부터 우리의 가장 가까운 곳에 존재해 왔다. 관계가 끊어져 버린 친구도 있지만, 지금까지도 계속 연락을 하고 만나는 친구도 있다.

중년쯤 되면 바빠서 예전처럼 자주 만나서 이야기를 나눌 수 없는 친구도 많지만 친구는 슬플 때 서로 위로해 주고, 기쁠 때 함께 기뻐해 줄 수 있는 존재다.

지금은 인터넷 사회자 스마트폰 사회다. 예전과는 다른 방법으로, 예를 들어 카카오톡 등으로 가볍게 근황을 주고받을 수도 있으니 적극 활용해서 관계 유지에 힘쓰도록 하자.

그러면 친구는 언제까지고 당신을 응원해 주는 서포터로 있어 줄 것이다.

# 제8장

# 자기 자신과의 관계

- 자아탄력성의 힘으로 강하게 살아간다 -

# 인간의 성장을 돕는 중년기 생성감

인간의 심리적, 사회적 발달 과제를 논한 에릭슨Erikson은 중년기에 인간이 확보해야 할 과제로 '생성감Generativity'을 들었다.

생성감에는 '자손을 낳아 키우며 돌보는 일', '생산성, 창조성', '세대계승성'의 세 가지 개념이 포함돼 있다. 에릭슨은 중년기에 이 세 가지 개념을 실천하고 확보하는 것이 인간적 성장에 주요한 영향을 끼친다고 주장했다.

## (1) 자손을 낳아 키우며 돌보는 일

'자손을 낳아 키우며 돌본다'라는 말은 아이를 낳아 키우는 것이라고 쉽게 이해할 수 있겠으나, 요즘에는 평생 독신으로 살며 아이를 가지지 않는 사람도 많다. 따라서 '자손을 낳아 키우며 돌보는 일'은 넓은 의미로 차세대를 짊어질 어린이나 젊은 사람을 돌보는 일이라고 이해하는 편이 좋을 듯하다. 즉 **부모로서 아이를 키우는 일뿐 아니라 직장에서 부하 직원을 지도하고 선생님으로서 학생들을 가르치는 일도 '생성감'을 키우는 일로 이어진다**는 뜻이다. 또 딱히 일하지 않아도 지역 내 방범 활동이나 친환경 활동 등에 자원봉사자로 참가해서 어린이나 고령자와 접하는 일 또한 '생성감'을 키우는 데 효과적이다.

## (2) 생산성, 창조성

'생산성, 창조성'이란 새로운 사고방식이나 기획, 작품 등을 만들어 내기 위한 노력을 의미한다.

현대에도 일과 가정의 양립은 여성에게 크나큰 인생의 과제다. 자기만 할 수 있는 개성적인 일이나 활동을 중년기에 해내는 여성은 행복한 사람이다. 중년기 여성의 대부분은 육아와 가사에 쫓겨 자기가 원하는 일과 활동을 하고 싶어도 할 수 없는 경우가 대부분이기 때문이다.

육아로 인해 경력 단절을 겪거나 가정을 위해 하고 싶은 일이 있어도 꾹 참은 중년 여성이 많지만, 이미 **'자손을 낳아 키우고 돌보는 일'이라는 중요한 '생성감'을 실현한 중년이라는 시기는 사실 앞으로 자신이 하고 싶은 일을 과감하게 해낼 수 있는 시기다.** 미처 다 하지 못한 일, 울면서 단념

할 수밖에 없었던 일을 다시 시도해 보자. 그리고 만약 그런 목표가 없었다 하더라도 앞으로 자신이 할 수 있는 일이 무엇인지 제대로 파악해서 새롭게 한 발을 내디뎌 보자. 지금까지 살아온 경험, 축적해 온 모든 것들을 활용할 수 있는 기회가 분명 있을 것이다.

## (3) 세대계승성

마지막으로 '세대계승성'이 있다. 이 개념은 '가족 친지들과 조상들의 제사를 지냈다', '성묘하러 다녀왔다', '나이 드신 부모님의 옛날이야기를 오랫동안 들어 드렸다'와 같은 내용이 포함돼 있다.

분명 중년의 나이쯤 되면 '큰어머니가 돌아가셨다', '제사가 있어서 다녀왔다'와 같이 친척과 교류할 일이 많아지고 옛날이야기를 들을 기회도 많아진다. 이는 '세대계승성'에 매우 중요한 일이다. 예전에 자주 같이 놀던 사촌을 오랜만에 만나 서로 너무 그립다며 옛날이야기로 이야기꽃을 피운 경험은 없는가?

나에게도 근처에 살던 한 살 많은 사촌 언니가 있었다. 친형제자매가 있었지만 어렸을 때는 무슨 일이든 사촌 언니와 함께 하곤 했다. 언니가 서예를 배우기 시작하면 나도 서예를 배웠다. 이유는 알 수 없지만, 언니 생일 파티에도 항상 참석했다.

얼마 전 바로 그 사촌 언니와 오랜만에 만나 어린 시절 이야기를 나누며 세 시간이나 수다를 떨었다. 너무 반가웠다.

나의 큰어머니, 다시 말해 사촌 언니의 친정어머니는 지금도 정정하시다. 언제 밥 한번 같이 먹으면 좋겠다는 이야기도 나왔다. 분명 큰어머니는 여러 가지 옛날이야기를 들려주실 것이다. 그 이야기에 제대로 귀를 기울이고자 한다.

이렇듯 자신과 연관이 있는 선배 세대의 이야기를 자기 아이 세대에도 전달해 나가는 일은 '생성감'을 실현하는 주요한 방법이다.

# 지금까지의 삶을 되돌아보고
# 인생을 재설계한다

'인생 100세 시대'가 다가오고 있다. 우리 어머니 세대가 중년이었을 때는 노후를 어떻게 보내야 할지 생각하는 것으로 충분했다.

하지만 요즘에는 지금까지 살아온 자신의 삶의 방식이 더는 통용되지 않을 수도 있다는 위기감을 느끼고 인생이나 가치관을 되돌아보며 자신의 정체성Identity을 재구축하려는 중년 여성이 늘고 있다.

중년 여성들은 '현모양처가 바람직하다'는 성별 역할관을 지닌 부모님 밑에서 자라났다. 하지만 지금은 이런 가치관이 서서히 무너져 새로운 자기다움을 추구해야 할 필요성이 대두되고 있다.

요즘 '정체성'이라는 단어를 자주 듣게 되는데, 이 말을 처음 소개하고 널리 퍼트린 사람이 바로 앞에서 설명한 '생성감'을 제창한 에릭슨이다.

그는 스무 살 무렵까지 자신이 어떤 사람인지, 자기다움이란 어떤 것인지, 앞으로 어떤 일을 하고 싶은지 등을 생각하고 흔들림 없는 자아를 확립해야 한다고 주장했다. 그런데 요즘은 장수 시대다 보니 중년기에도 이런 자기다움을 재확인하고 재발견해야 할 필요성이 생겨났다.

예를 들어 요즘 지금 하는 일을 그만두고 **사회인 전형으로 대학원에 입학하는 사십 대 중반에서 오십 대 여성이 늘고 있다.** 이 또한 인생의 방향전환Shift change를 시도하는 계기가 된다. 우리 대학 대학원생 중에도 이삼 년 동안의 대학원 생활로 새로운 자신을 발견해서 지금까지와는 전혀 다른 직종에 취직했다는 사람도 많다.

모두 생기가 넘치고 즐겁게 대학원을 다닌다. 수업 중에도 적극적으로 발언하고, 당당하게 자신의 의견을 제시한다. 이런 중년 여성들의 모습은 대학을 졸업하고 바로 대학원에 진학한 학생들에게 좋은 본보기가 된다. 또 그들은 씩씩하기도 하다. 이야기를 함께 나누며 그들이 살아온 인생 이야기를 듣는 것은 나의 또 다른 즐거움이기도 하다.

## 남성보다 여성이 더 삶의 방식을 고민한다

조젤슨Josselson은 중년 여성의 경우 인간, 특히 부모나 남편, 자녀 등과의 관계성 속에서 자신의 정체성을 재구축한다고 지적했다.

학창 시절이라면 자신이 하고 싶은 일을 발견하고 여기에 온 힘을 쏟아 부어 자기실현을 해내는 것을 두고 정체성이 확립된 모습이라 할 수 있다. 하지만 중년기에 접어든 여성은 잠시 멈춰 서서 지금 자신이 선택한 삶의 방식을 다시 한번 돌아볼 필요가 있다.

남성은 결혼한 후에도 변함없이 일을 하는 경우가 대부분이다. 반면 여성은 결혼과 출산을 계기로 일을 그만둘지 계속할지 같은 문제에 직면한다.

요즘에는 육아 휴직을 쓰고 일과 가정의 양립을 목표로 하는 여성이 늘고 있다. 그러나 중년기에 들어서면 부모님의 사망이나 돌봄 문제, 자녀의 진학이나 독립 같은 문제에 직면하게 되고, 레빈슨이 지적한 대로 생활 구조가 크게 변화한다.

다시 말해 중년 여성이 정체성을 확립하고 자기 자신답게 살아가는 삶을 선택하는 것은 남성보다 훨씬 더 복잡하며, 부모나 남편, 자녀 등 가족과의 관계가 그 선택을 좌우한다고 할 수 있다.

　이렇게 생각하면 여성이 남성보다 살아가는 방식에 대해 훨씬 더 많이 고민해야 하는 시대가 됐다고 할 수 있다.

# 작은 일로 전전긍긍하지 않고
# 긍정적으로 살아가는 법

지금 심리학은 새로운 방향을 향해 나아가려 하고 있다.

'긍정심리학'을 제창한 펜실베이니아대학교 긍정심리학센터 책임자인 셀리그만Seligman은 '심리학이 인간의 병리를 찾아내서 이를 고치는 데 주력하는 것은 잘못된 방향이다', '심리학은 인간의 약점보다 강점, 적극적인 측면에 더 눈을 돌려야 한다'고 주장했다.

사실 셀리그만은 긍정심리학을 제창하기 전까지 긍정과는 완전 반대 개념인 '학습된 무기력' 이론으로 유명한 심리학자였다.

학습된 무기력이란 동물이든 인간이든 오랜 기간 스트레스 상황에 놓이면 그 상황에서 도망치려는 노력조차 기울이지 않는 무기력 상태에 빠진다는 사고방식이다.

셀리그만은 인간은 이런 무력감을 자신이 놓인 환경에

서 학습한다고 주장했다. 그리고 이제까지의 심리학은 마음이 병든 사람, 병리성이 높은 사람을 어떻게 회복시키느냐에 주력해 왔지만, 앞으로는 이런 상태에 빠지기 전에 기분을 전환해서 앞으로 나아갈 수 있도록 지원해야 한다, 즉 마음의 예방심리학을 실천해야 한다고 주장했다.

따라서 지금까지의 심리학은 불안, 공포, 공격성, 충동성 같은 인간의 부정적인 측면을 주제로 삼아 왔지만, 긍정심리학에서는 인간의 사랑, 용기, 낙관성, 인내력, 독창성, 희망 같은 긍정적인 측면을 연구하는 일이 중요하다.

## 괴로워지기 전에 자기 자신을 리셋하라

—

또 중년이 되면 몸에 여러 가지 변화가 생겨난다.

갱년기 장애로 힘들어하는 여성도 늘고 있지만, 직장이나 가정 내 문제 같은 심적 고민 때문에 괴로워하는 여성도 늘고 있다. 심한 경우 우울증에 걸리는 사람도 있다.

우울증에 걸리면 부정적인 생각만이 머릿속을 빙빙 돌아 무슨 일을 해도 즐겁지 않고, 식욕이 떨어지고, 수면 장애에 빠진다. 때로는 살아 있는 것조차 버겁다는 생각에 휩싸이기도 한다.

우리는 이런 증상으로 괴로워지기 전에 기분을 전환

해 나갈 방책을 찾아내야 한다. 바로 이럴 때 우리를 위로해 주고 자기 자신을 리셋하는 데 효과적인 것이 긍정심리학 이다.

## 긍정적인 사람이 되기 위한 '플로우 체험'
——

'플로우Flow'란 강물의 흐름이나 시간의 흐름처럼 끊임없이 흘러가는 상태를 의미한다. 무슨 일을 하다 '어? 벌써 시간 이 이렇게 됐어?' 하며 놀란 적이 있을 것이다.

이렇듯 시간 감각을 잃어버릴 정도로 집중하고, 그 시 간이 즐겁게 흘러가고, 무언가에 푹 빠지는 경험이 '플로우 체험'이다. 이는 칙센트미하이Csikszentmihalyi라는 긍정심리학 자가 제창한 개념이다. 예를 들어 운동, 독서, 영화 감상, 수 다, 술자리 등 일상생활 속 소소한 활동에서 시간의 흐름을 잊고 즐겁게 보내지는 않는가?

칙센트미하이는 플로우 체험을 많이 하면 할수록 행복 감이 높아진다는 사실을 밝혀냈다. 여기서 포인트는 '즐거 운 시간'을 보낸다는 데 있다. 일이 즐겁다는 사람도 있을지 모른다. 하지만 그런 사람에게도 분명 힘들 때가 있으리라. 따라서 긍정적으로 살아가려면 일 이외에 플로우 체험을 할 수 있는 무언가를 갖는 것이 중요하다. 일을 좋아하는 사람에게는 어려운 일일지도 모른다. 하지만 자신만의 즐거운 체험을 찾아 가도록 하자.

## 긍정정서를 늘린다

———

긍정심리학자인 프레드릭슨Fredrickson은 '긍정정서Positive emotion의 확장 및 구축이론Broaden and build theory'을 제창했다.

이론명은 어렵지만, '긍정정서(기쁨, 감사, 안도, 흥미, 희망, 자랑, 유쾌, 고무, 경외, 사랑)'가 늘어날수록 매사를 보는 사고방식이나 행동의 레퍼토리가 확장돼서 심리적 행복감이 높아진다는 이론이다.

예를 들어 친구의 권유에 마지못해 참석한 고등학교 동창회에서 비즈니스 컨설팅 일을 하는 동급생을 만나 오랜만에 신나게 이야기를 나눴다. 그 후 그 친구에게 자신의 장래에 대해 상담해서 몇 년 후에는 회사까지 차릴 수 있었다. 지금은 수입도 늘어나 행복한 삶을 보내고 있다고 치자. 처음에는 동창회에 가기 싫었다. 하지만 그곳에 참가한 덕분에 인맥이 넓어지고 다음 활동을 시작하는 계기도 마련할 수 있었다.

이것이 바로 '긍정정서의 확장 및 구축이론'이다.

프레드릭슨은 이 이론의 실증 연구의 일환으로 미국에

서 발생한 9·11테러 후의 정신적 회복 정도를 측정해 봤다.

그 결과 미국 전역을 뒤흔든 테러 사건의 충격에서 정신적으로 빨리 회복한 사람은 자아탄력성이 높았고, 이 자아탄력성이 긍정정서를 촉진한다고 보고했다.

# 자아탄력성을 익히자!

그렇다면 프레드릭슨도 언급한 자아탄력성이란 어떤 개념일까?

이 개념을 제창한 블록Block은 자아탄력성이란 **'상황에 따라 유연하게 자아를 조정하고, 일상적인 스트레스에 잘 대처하며 적응할 수 있는 능력'**이며, **'유연성', '호기심', '회복력'으로 구성된다**고 설명했다. 여기서의 포인트는 일상생활의 스트레스에 잘 대응할 수 있는 능력이라는 점이다.

예를 들어서 우리는 누구나 하루하루 살아가면서 대인관계에서 오는 스트레스나 불쾌한 일, 고민거리에 직면한다. 이때 자아탄력성이 높은 사람은 자신이 하고 싶은 일은 꾹 참고(자기억제) 그 문제에 필사적으로 매달리고 노력할 수 있다. 그리고 문제가 잘 해결돼서 일이 마무리되고 '휴' 하고 한숨 돌리고 나면 느긋하게 기분 전환(자기해방)할 수 있는 사람이기도 하다.

언뜻 보기에 '열심히 노력하다'와 '느긋하게 기분 전환하다'는 모순되는 사고방식처럼 느껴진다. 하지만 인간관계나 업무 등에서 받는 엄청난 스트레스를 잘 극복하려면 이 두 가지를 균형 있게 활용해서 대처해 나가는 일이 중요하다.

자아탄력성이 높은 사람은 이 균형을 잘 잡는다. 그리고 자신을 잘 통제해서 원래 심리상태로 돌아갈 수 있다.

현대의 다양한 상황에서 생기는 인간관계의 스트레스와 마주하고 이에 대응하며 살아가기 위해 중년기인 사람은 물론 어린아이부터 나이 드신 어르신에 이르기까지 모든 인간이 이 자아탄력성이라는 능력을 습득하길 바란다.

## 당신의 자아탄력성은 어떤가?

—

일단은 당신의 자아탄력성을 체크 리스트를 이용해 측정해보도록 하자.

이들 열네 가지 항목으로 구성된 자아탄력성 척도는 1996년에 블록과 크레멘Kremen이 개발한 것으로, 일본에서는 2013년 하타畑와 오노데라가 번역해서 그 신뢰성이 확인됐다.

중년기 이후에 인간관계를 원활히 쌓아 나가는 데 자아탄력성을 습득하는 일은 매우 중요하며, 자아탄력성을 높이는 데는 '유연성', '호기심', '회복력'의 세 가지 요소를 확실히 습득해 나가는 것이 가장 확실한 방법이다.

## 자아탄력성 체크 리스트

당신은 다음 항목에 어느 정도 해당하는가? 그 정도를 나타내는 점수를 (   ) 안에
기입하시오.

> 전혀 그렇지 않다 — 1점      별로 그렇지 않다 — 2점
> 그렇다 — 3점                매우 그렇다 — 4점

① 나는 친구에게 관대하다.                                          (   )

② 나는 충격을 받아도 금세 회복된다.                                 (   )

③ 나는 익숙하지 않은 일도 즐기며 할 수 있다.                         (   )

④ 나는 대부분의 사람에게 좋은 인상을 줄 수 있다.                     (   )

⑤ 나는 지금까지 먹어 본 적 없는 음식에 도전하기를 좋아한다.          (   )

⑥ 다른 사람은 나를 에너지가 넘쳐흐르는 사람이라고 생각한다.          (   )

⑦ 나는 잘 아는 곳에 갈 때도 평소와는 다른 길로 가기를 좋아한다.       (   )

⑧ 나는 남들보다 호기심이 강하다.                                    (   )

⑨ 내 주위에는 느낌 좋은 사람이 많다.                                (   )

⑩ 나는 대체로 곰곰이 생각한 후 행동하는 편이다.                      (   )

⑪ 나는 이런 저런 새로운 일에 도전하기를 좋아한다.                    (   )

⑫ 나는 하루하루의 생활 속에서 재미를 느낄 때가 많다.                 (   )

⑬ 나는 '공격이나 비난에도 끄떡없는 강한 성격'이다.                   (   )

⑭ 나는 누군가에게 화가 났다가도 금세 풀린다.                        (   )

①~⑭까지 항목의 득점을 나타내는 숫자를 더해 합계를 내시오.

당신의 종합 득점  _____  점

47~56점→ 자아탄력성이 매우 높다.      37~46점→ 자아탄력성이 꽤 높다.
27~36점→ 자아탄력성이 보통이다.      21~36점→ 자아탄력성이 다소 낮다.
20점 이하→ 자아탄력성이 매우 낮다.

# 자아탄력성을
# 높여 주는 '유연성'

'유연성'이란 한 가지 사고를 고집하지 않고 '다른 사고방식도 있을 수 있다', '다른 방법도 있을 수 있다'라고 유연한 사고로 발상할 수 있는 능력이다.

자아탄력성 척도 중에 '잘 아는 곳에 갈 때도 평소와는 다른 길로 가기를 좋아한다', '친구에게 관대하다' 등은 유연성을 체크하는 항목이다.

예를 들어 '잘 아는 곳에 갈 때도 평소와는 다른 길로 가기를 좋아한다'에 대해 생각해 보도록 하자.

우리 집에서 가장 가까운 역까지는 걸어서 십오 분 정도 걸린다. 나는 '벚꽃이 예쁜 계절에는 이 언덕길로 내려가 보자', '6월 장마철에는 저기 저 집 마당에 수국이 피니 그쪽으로 가보자' 같이 항상 가는 역도 다른 길로 가보려고 한다. 자아탄력성이 높은 사람은 이 항목의 득점이 높다. 이런 사람들은 자기도 모르는 사이에 자연스럽게 이런 행동을 하곤 한다.

다른 길을 선택한다는 말을 다르게 표현하자면 곤란에 처하거나 일이 제대로 진행되지 않을 때 무언가 다른 방식이나 방법을 떠올릴 수 있다는 말이기도 하다.

언뜻 보기에 멀리 돌아가는 길로 가보거나 비효율적으로 보이는 아이디어나 발상이라도 다양하게 이것저것 떠올려 보는 일은 자아탄력성을 높이고 스트레스에 대처하는 능력을 키우는 길이다.

지금은 스마트폰으로 노선을 검색하고, 지도 애플리케이션을 이용해서 빠르고 저렴하게 목적지에 도달하는 방법을 알아낼 수 있는 시대다. 정말 편리해졌다. 하지만 길을 헤매며 다른 사람에게 물어보고, 지도를 들여다보며 겨우겨우 목적지에 도달하는 탐색 능력이 자라나지 못하는 것은 아닐까 우려도 된다.

가끔은 스마트폰 없이 산책하는 기분으로 어디론가 떠나 보는 마음의 여유 또한 중요하지 않을까?

## 다른 사람에게 관대하다

—

'다른 사람에게 관대하다'는 말은 남의 의견이나 기분을 잘 이해해 주고 그 사람을 받아들여 줄 수 있다는 뜻이다.

일상을 살다 보면 다양한 유형의 싫은 사람을 만날 때가 있다. '도대체 왜 이런 말도 안 되는 소리를 부모인 나한테 하는 거지?' 하고 다 큰 자식에게 화가 날 때도 있다. 하지만 이런 때야말로 상대방의 입장에 서서 그 사람의 기분을 들어주는 '굿 리스너'가 되길 바란다.

앞에서 자아탄력성이 있는 사람은 유연하다고 이야기했다. 싫은 사람이 있을 때 '저 사람 완전 싫어'라며 꼬리표를 붙여 놓고 자기 생각을 굽히지 않는 것이 아니라, 저 사람에게는 이런 좋은 점도 있어, 그때 그 상황에서 저 사람이 이런 좋은 말을 했었지……, 하고 좋은 면을 떠올려 보기를 바란다.

유연한 관점의 소유자는 부정적인 면뿐 아니라 긍정적인 면도 알아차릴 수 있는 사람이다. 그리고 이를 통해 마음의 균형을 잡아나갈 수 있다.

## '반드시 ○○한다', '절대 ○○해서는 안 된다' 같은 말은 하지 않는다

——

부모는 자식에게, 관리직이나 임원은 부하 직원에게 '절대 이것만은 하면 안 돼. 그럼 실패할 거야'라고 말하기 쉽다. 이는 상대방에게 하나의 선택지만 주는 유연성이 결여된 표현이라 할 수 있다.

이런 상황에서는 일단 자식이나 부하 직원에게 어떤 선택지가 있을 수 있는지 이야기해 보게 한다. 글로 써보게 하는 방법도 좋다. 그리고 두 사람이 냉정하게 의견을 내놓는다. 자식이나 부하 직원은 부모나 상사가 자신의 의견을 들어 주면 의욕적으로 나설 수 있다.

'굿 리스너' 효과다. 자기 자신은 물론 상대방도 유연하게 사고할 수 있다면 인간관계 또한 좋아지게 된다.

# 자아탄력성을
# 높여 주는 '호기심'

호기심이란 모르거나 관심 가는 일이 있을 때 '직접 알아보자', '다른 사람에게 물어보자', '한번 해보자' 하는 마음가짐이다. 나아가 다른 사람을 향한 호기심도 자아탄력성에 포함된다.

'저 사람은 어떤 사람일까?', '재미있는 사람 같은데……', '좀 더 이야기를 나누어 보고 싶다.' 이처럼 **인간에게 호기심을 느끼는 일은 자아탄력성을 키우는 데 중요하다.**

자아탄력성 척도 중에 '익숙하지 않은 일도 즐기며 할 수 있다', '새로운 일에 도전하기를 좋아한다' 등이 호기심을 체크하는 항목이다.

여러분은 최근 오륙 년 동안 예전에 해보지 않았던 일, 예를 들어 피트니스 센터에 다니기 시작하거나 꽃꽂이를 배우기 시작하거나 심리학 강좌에 다니기 시작하는 등 새롭게 시작한 일이 있는가? 중년쯤 되니 조금은 경제적인 여유가 생겨서, 아이 돌보는 일이 수월해져서 등과 같이 새로운 일을 시작하는 이유는 다양할 것이다. 이렇듯 새로운 일을 시작하는 용기를 내는 일은 자아탄력성을 높일 수 있는 절호의 찬스다.

## 호기심이 강한 사람일수록 건강 수명이 길다!
——

하지만 중년 여성 중에는 '이제 나이 들어서 못해'라며 하고 싶은 일이 있어도 포기하고 마는 사람도 있다.

고령자의 행복감을 조사한 연구에서 '이제 나이도 있으니 새로운 일은 하고 싶지 않다'라고 생각하는 사람은 '생동감'이나 '행복감'이 낮다는 사실이 밝혀졌다.

60~80세(평균 70.6세)의 미국인 남녀 1118명을 대상으로 오 년 동안 호기심과 건강의 연관성을 연구한 스완과 카메이에 따르면, 오 년이라는 조사 기간 동안 살아남은 사람은 대부분 호기심이 강한 사람이었다고 한다. 호기심이 강한 사람은 새로운 곳에 가고, 다른 사람을 만나고, 새로운 문제 해결 방법을 잘 활용하는데, 이것이 몸과 마음 모두에 좋은 결과를 가져다주기 때문이다.

'시작하며'에서도 언급했듯 우리 시어머니는 아흔 살

인데, 정말 호기심이 왕성하다. 신문 전단지를 보고 조금이라도 싼 슈퍼마켓에 장을 보러가고, 신문에 게재된 요리 레시피를 보고 '어디에 가면 고형카레 재료를 살 수 있니?'라고 물어보곤 한다.

'어르신용 스마트폰'도 잘 다뤄서 모바일 메신저로 메시지도 주고받을 수 있다. 그런 시어머니를 보면 항상 호기심이 왕성해서 참 좋아 보인다 하는 생각이 들고 존경스럽다.

나이가 아무리 들어도 스스로 흥미 있는 것을 알아보고 탐구해 보려는 마음가짐과 새로운 일에 도전하고자 하는 의욕이 있어야 한다. 이것이 자아탄력성, 즉 스트레스 사회를 극복하는 데 필요한 힘이 된다.

나도 시어머니를 본받아 "지금 이 나이에 무슨……. 못 해, 못 해" 하는 말을 입에 담지 않도록 주의하면서 무슨 일이든 호기심을 가지고 도전해 보려고 한다.

## 인터넷 검색 능력과 질문 능력

—

요즘에는 무언가를 결정할 때 일단은 컴퓨터나 스마트폰으로 검색을 해본 뒤 그 중에서 평이 좋은 것을 선택하는 일이 많다. 이때 한 사이트만 보지 말고, 다른 사이트나 정보도 검색해 보는 일이 중요하다. 인터넷 정보를 맹신하는 것은 좋지 않다. 예를 들어 부동산을 찾을 때 근처 공인중개소에 들러 조건을 이야기 놓으면 귀가 솔깃해지는 정보를 살짝 귀띔해 주는 일도 있다.

다시 말해 선택지는 하나밖에 없다고 단정 짓지 말고 **유연하게 여러 다른 방법을 이용해서 정보를 얻으려고 노력하는 일이 자아탄력성을 키우는 길이다.** 선택지를 많이 찾을 수 있다면 자아탄력성이 생기기 시작했다는 증거다.

## 역발상을 시도해 본다

누구에게나 장점과 단점이 있지만, 좋은 면보다 나쁜 면이 더 신경 쓰이는 법이다.

'우리 어머니는 나이가 들어서도 잔소리가 너무 심해', '아버지는 말이 없어서……' 같이 부정적인 면만 신경이 쓰인다. 이를 긍정적인 관점으로 바꾸면 자아탄력성을 키울 수 있다.

- '우리 어머니는 잔소리가 심해'→ 우리 어머니는 항상 나를 걱정해 주고 신경 써줘.
- '우리 아버지는 고지식해'→ 우리 아버지는 자기 생각이 뚜렷한 사람이야. 그렇기 때문에 현역 시절에도 일

하나만 바라보고 열심히 살아올 수 있었던 거야.

- '우리 아버지는 말도 없고 재미없어'→ 항상 내 불평불만을 들어 줘서 정말 큰 도움이 돼.
- '일이 많아 너무 힘들어'→ 그만큼 나를 필요로 하고 나에게 거는 기대가 크다는 뜻이야. 하루하루가 보람차고 일이 정말 즐거워!
- '요즘 젊은 애들이 무슨 생각을 하는지 도통 알 수가 없어'→ 젊은 애들을 관찰해 보고 재미있는 점을 찾아보자. 새로운 사실을 발견하면 내 마음도 젊어질 거야. 호기심을 키우는 데도 도움이 되겠지.

지금까지의 고정관념을 버리고 다양한 사람과의 인간관계를 다른 각도에서 바라볼 수 있도록 노력하자.

## 호기심을 키울 수 있는 방법
―

호기심은 마음가짐을 달리 가지는 것만으로 누구나 쉽게 키울 수 있다. 다음의 여섯 가지를 실천해 보도록 하자.

### ① 초대에 기꺼이 응한다
'긍정 정서를 늘린다'에서도 이야기했듯이 누군가에게 초대를 받았을 때는 일단 '얼굴이라도 잠깐 비추도록 하자', '한번 가보자' 같은 마음가짐이 중요하다.

'어떤 사람이 올까?', '어떤 이야기를 들을 수 있을까?' 이처럼 다른 사람에게 호기심을 가지도록 하자.

## ② 지금까지 하지 못했던 일에 도전해 본다

예전부터 해보고 싶었던 일에 한 발 내딛는 것이 중요하다. 예를 들어 재즈댄스에 도전해 보고, 그림을 배워 보자. 또는 젊었을 때 완전히 정복하지 못했던 영어 회화처럼 좌절감을 맛보았던 일에 다시 도전해 보는 방법도 좋다.

## ③ 일단 물어본다

어쨌든 모르는 이야기가 나오면 '일단 물어본다'는 자세를 가지도록 노력하자. 친구끼리 이야기하다가 또는 업무상 미팅 등에서 모르는 단어나 사안이 나오면 용기 내서 질문해 보도록 하자.

## ④먹어 본 적 없는 음식을 먹어 본다

먹어 보지도 않고 싫어하지 말고, 지금껏 먹어 본 적 없는 음식을 맛보자. 지금까지 느껴 본 적 없었던 맛을 느낄 수 있어 오감이 자극되고 뇌가 활성화될 것이다.

⑤다양한 연령대의 사람과 이야기해 본다

어린아이부터 나이 드신 어르신까지 마음 편하게 다양한 연령대의 사람들과 이야기를 나누어 보도록 하자. 동아리 활동이나 지방자치단체 모임, 자원봉사 등 자신과는 다른 연령대가 있는 자리에 자진해서 참가해 보는 것도 도움이 된다.

⑥공부한다

예를 들어 처음 가보는 곳으로 여행갈 때 그곳에서 즐길 수 있는 일을 알아보고, 그곳의 역사나 문화를 공부하자. 또 현지 사람에게 말을 걸어 보자.

# 자아탄력성을
# 높여 주는 '회복력'

누구나 안 좋은 일이 있으면 우울해지고 기가 죽는다. 그리고 그 일을 떠올리고는 끙끙 앓고 후회한다. '저렇게 했으면 좋았을걸', '이렇게 했으면 좋았겠지?' 하는 생각에 잠을 이루지 못한다.

이 세상에는 계속 기죽어하며 언제까지고 활기를 되찾지 못하는 사람과 금세 활기를 되찾는 사람이 있다.

당신은 어떤 유형인가? 이 차이는 자아탄력성에 의해 결정된다. 다시 말해 자아탄력성이 있는 사람은 기분을 빠르게 전환할 수 있어 언제까지고 똑같은 일로 고민하지 않고 다음에 어떻게 하면 좋을지를 생각한다.

내가 좋아하는 말 중에 '어둡다고 한탄하기보다 스스로 불을 켜자'라는 말이 있다.

'일이 잘 풀리지 않는다, 재미없다', '저 사람이 싫다, 말도 섞고 싶지 않다.' 나에게도 이런 때가 있었다. 바로 그 즈음이 말을 듣고 정신이 번쩍 들었다.

'그래! 지금 나는 '싫다, 싫다' 푸념만 늘어놓으며 살고 있어. 이 길은 어둡다고, 아무도 불을 밝혀 주지 않는다고 한탄만 하고 있었던 거야. 그렇다면 내가 직접 불을 켜서 길을 밝히면 되는 거야.'

스스로 불을 켜려면 노력이 필요하다. 때로는 다른 사람의 도움을 받아 불을 켜야 할 수도 있다. 곤란에 처했을 때는 다른 사람에게 의지하며 함께 길을 밝힐 수 있는 방법을 생각해 보는 것도 괜찮다.

## 회복력을 높일 수 있는 방법

___

인생이 아직 많이 남아 있다고는 하지만 끙끙 앓으며 앞으로 나아가지 못하고 시간만 보낸다면 아무런 결과도 낳지 못한다.

다음과 같은 방법을 이용해서 회복력을 높여 나가도록 하자.

① 자신에게 맞는 기분 전환(기분을 푸는) 방법을 찾아낸다
회복력에서는 '기분을 전환할 수 있는' 레퍼토리가 많아야

한다는 점이 중요하다.

다음과 같은 행동을 예로 들 수 있을 듯하다.

- 충동구매를 하고 맛있는 음식을 먹는다.
- 운동으로 땀을 흘린다.
- 혼자서 당일치기 여행을 다녀온다.
- 누군가에게 이야기한다(상황을 모르는 사람에게 이야기하는 것을 추천한다).
- 방을 정리한다.
- 꽃이나 관엽식물을 사와 방을 꾸민다.

기분을 풀 수 있는 자기만의 방법을 많이 생각해 내도록 하자.

② 완벽을 추구하지 않는다

쉽게 우울해지는 버릇이 있는 사람은 대부분 성실하고 인품이 좋고 착하다. 이런 사람들은 '저녁은 항상 손수 만들어 먹어야 한다', '회사에 지각하면 안 된다', '아이들 공부도 시켜야 한다'와 같이 이상을 추구하며 생활하기 쉽다. 그리고 가족이나 동료, 부하 직원에게도 모든 일에 완벽을 추구하라고 요구한다. 그 결과 자신은 물론 주위 사람도 피곤해지는 일이 발생하는 것이다.

때로는 배달 음식으로 저녁을 때워도 괜찮다. 반찬를 쓰고 느긋이 시간을 보내도 괜찮다. 이런 마음을 가져 보도록 하자. 대충해도 되는 일은 가끔 대충해도 괜찮다. 이렇게 생각하면 마음이 편해진다. 마음이 편해지면 주위 사람에게도 저절로 상냥해진다.

일단은 심호흡하고 마음을 편히 가지자.

# 남은 인생을 자아탄력성으로
# 헤쳐 나가자

지금까지 중년 여성이 앞으로의 인생을 어떻게 긍정적으로 살아갈 수 있을지에 대해 생각해 봤다. 그리고 인생을 살아나가는 데 있어 자아탄력성이 얼마나 중요한지에 대해서도 이야기해 봤다.

나는 자아탄력성 워크숍을 주최하면서 참가자들에게 다음과 같은 이야기를 많이 들었다.

"자아탄력성에 관한 이야기를 듣고 힘이 났어요."

"일상생활 속에서도 실천해 보자는 마음이 들었어요."

"긍정적인 마음이 들어요."

'유연성', '호기심', 그리고 '회복력'을 갈고닦아 자아탄력성을 높이면 열심히 노력해야 할 때는 열심히 노력하고 푹 쉴 때는 과감하게 즐거운 일에 도전하는 내가 될 수 있다.

중년기 이후의 인생을 헤쳐 나가려면 우선 현재 자신의

생활을 알차게 만들고, 사람과 사람과의 관계성을 소중히 여기도록 하자.

어머니와의 관계, 아버지와의 관계, 배우자와의 관계, 자녀와의 관계, 형제자매와의 관계, 직장 동료와의 관계, 친구와의 관계……. 지금 이런 관계들을 다시 한번 정리하고 돌아보며 아직도 많이 남은 인생 후반부를 향해 첫 발을 내디뎌 보기를 바란다.

# 인간의 영원한 과제, 인간관계

인간은 사회적 동물이라 했다. 개인으로서 존재하지만 그 개인이 유일적으로 존재하는 것이 아니라 끊임없이 타인과의 관계 속에서 존재해야 한다는 말이다.

인간은 혼자 살아갈 수 없다. 누군가와 더불어 살아가야 한다. 태어나서 처음 맺게 되는 부모 자식 관계를 시작으로 형제자매 관계, 교우 관계, 직장 상사, 동료, 부하 직원과의 관계, 배우자와의 관계, 자식과의 관계, 나이 드신 부모님과의 관계……. 정말 다양한 인간관계 속에서 인간은 살아간다.

다양한 인간관계 덕분에 행복할 때도, 웃을 때도 있다. 하지만 이런 인간관계 탓에 슬프고, 남몰래 눈물지을 때도 있다. 행복할 때보다 힘들 때가 더 많기에 인간관계를 주제로 한 책들이 서점의 한 편을 가득 채우고, 인간관계를 주제로 한 명언들 또한 쏟아지는 것은 아닐까?

또 지금 우리 사회는 고령화사회, 장수 사회에 돌입해서 예전보다 인간이 살아가야 할 날이 길어졌다. 그만큼 남들과 더불어, 부대끼며 살아가야 할 날이 길어졌다고도 할 수 있다.

이런 상황 속에서 인간관계에서 오는 고민이나 아픔을 조금이나마 덜어 낼 수 있다면, 그 고민이나 아픔을 조금은 다른 시점으로 바라봄으로써 마음이 편해질 수 있다면 우리의 인생은 조금 더 평안하고, 조금 더 행복해지리라.

이 책은 오십 대 여성을 중심으로 그 전후인 사십 대, 육십 대 여성들의 인간관계에 초점을 맞추어 어떻게 하면 그들이 안고 있는 여러 인간관계의 문제들을 해결해 나갈 수 있을지를 이야기한다.

인생을 사계절로 비유한 발달심리학자 레빈슨에 따르면 이 책의 주인공인 중년 여성들은 온갖 나무들이 빨갛고 노랗게 물들어 단풍이 아름다운 계절, 결실의 계절 가을에 있다. 나 또한 지금 인생의 가을에 있기에 공감 가는 부분이 많았다. 때로는 '맞아, 맞아' 하며 사례에 등장하는 여성들의 고민에 공감하고, 때로는 '이렇게도 생각해 볼 수 있구나!' 하며 고개를 끄덕일 때도 있었다. 그중에서도 부모 자식과의 관계에서 '자식은 자식, 나는 나라는 사실을 받아들이며 살아가는 일이 중요하다', '인생 후반부를 자기 자신답게 알차게 살아가는 모습을 보여 주는 일이야말로 자식에게 줄 수 있는 가장 큰 가르침이다'라는 말이 마음에 와 닿았다. 지금 내가 처한 상황과 일치하기에 마음에 더 크게 다가온 것이라는 생각이 들었다.

이처럼 이 책은 스물여덟 가지의 구체적인 예에 저자의 전공 분야인 심리학에 바탕을 둔 분석과 조언을 더해 각각의 중년 여성이 처한 다양한 인간관계의 문제를 들여다보고 그 해결을 위한 방향성을 제시한다. 구체적인 예시가 있기에 더 친숙하게 느껴지고, 더 쉽게 이해할 수 있었던 것 같다.

또 저자가 앞으로 남은 인생 후반부를 알차게 보내기 위해 필요하다고 역설한, 상황에 따라 유연하게 자아를 조정하고 일상적인 스트레스에 잘 대처하고 적응할 수 있는 능력인 자아탄력성이 얼마나 중요한지 깨닫게 됐다. 내 자신의 행복을 위해서라도 자아탄력성을 키워 나가고 싶다.

행복하고 기쁜 일로만 가득 찬 인생은 있을 수 없다. 때로는 힘들고, 때로는 지치고, 때로는 버겁고, 때로는 가슴 아픈 일에 직면하리라. 이때 피하지 않고, 도망가지 않고, 나를 잃지 않으면서도 슬기롭게 헤쳐 나갈 수 있는 지혜가 있다면 우리는 남은 인생을 더 나은 기억으로 채워갈 수 있을 것이다.

역자로서 이 책이 조금이나마 독자 여러분의 인생과 인간관계에 도움이 되기를 바란다.

옮긴이 **김진연**

성신여자대학교 경영학과를 졸업했고 한국외국어대학교 통번역 대학원 한일 국제회의동
시통역학과를 수료했다. 현재 번역 에이전시 엔터스코리아 출판기획 및 일본어 전문 번역
가로 활동하고 있다. 옮긴 책으로는 『이나모리 가즈오의 사람을 내 편으로 만드는 기술』
『리더를 위한 관계 수업』『고독연습』『생각을 바꾸는 습관』『이나모리 가즈오의 인이관지』
『성공하기 위해선 두뇌를 잡아라』『사장은 혼자 울지 않는다』『경영자가 가져야 할 단 한 가
지 습관』『오른손에 논어, 왼손에 한비자』『공자의 숲을 거닐다』『처음부터 다시 읽는 친절
한 세계사』『내일을 걱정하지 마라』등 다수가 있다.

# 여성 50대를 위한
# 100세 시대 인간관계

1판 1쇄 인쇄    2022년 8월 9일
1판 1쇄 발행    2022년 8월 18일

지은이        오노데라 아쓰코
옮긴이        김진연

펴낸이        임지현
펴낸곳        (주)문학사상
주소          경기도 파주시 회동길 363-8, 201호(10881)
등록          1973년 3월 21일 제1-137호

전화          031) 946-8503
팩스          031) 955-9912
홈페이지      www.munsa.co.kr
이메일        munsa@munsa.co.kr

ISBN   978-89-7012-537-4 (03190)